◀彩图1　玉舞人（汉），长袖、螺壳发髻

▲彩图2　黄罗刺绣花卉纹残片（唐）

▲彩图3　帛画《美女龙凤图》（战国）

▲ 彩图4　彩格毛巾（西周），代表西周的染色技术水平

▲ 彩图5　高冠木俑（西汉）

▲ 彩图6　烟色菱纹罗绮（东汉）

▲ 彩图7　壁画《鸿门宴图》（汉）

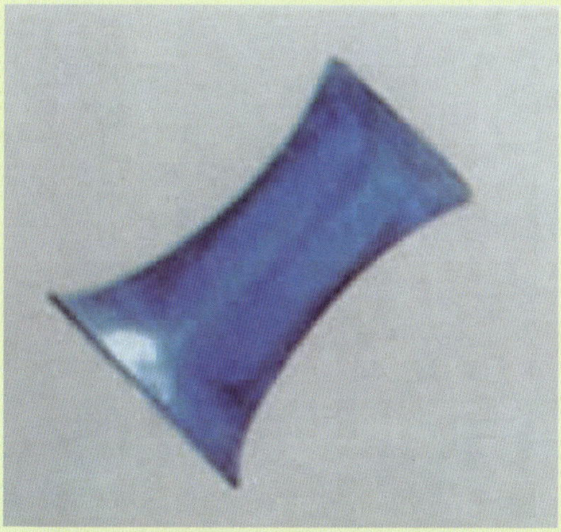

▲ 彩图8　琉璃耳珰（六朝）

▲ 彩图9　嵌珍珠宝石金花蝶头饰（隋）

▲ 彩图10　累丝嵌宝衔珠金凤簪（明）

◀ 彩图11　饰桃花妆的妇女
（唐人《弈棋仕女图》局部）

▲ 彩图12　张瑄《倦绣图》，表现了唐代宫女刺绣的情景

▲ 彩图13　壁画《观鸟捕蝉图》（唐）年轻宫女穿圆领袍衫、小口裤，襦裙、披帛、半臂，浅履的胡服

▲ 彩图15　穿襕衫的宋代士人

◀ 彩图14　山西宾宁寺明《水陆画》局部，穿弓鞋的妇女

▲ 彩图16 《妆靓仕女图》（宋·苏汉臣）

▲ 彩图17 传世绘画《汉宫秋》局部，穿襦裙的乐女，明代襦裙

▲ 彩图18 《王鏊写真像》（明），戴展角幞头、穿织金蟒袍、系白玉腰带的官吏

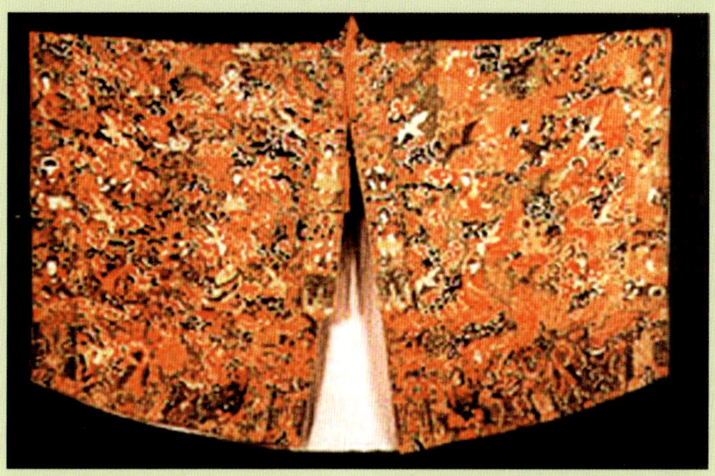

▲ 彩图20　道袍实物（清），中央绣有玉帝，天庭众仙相聚

▲ 彩图19　《女乐图》局部，披云肩的清代妇女（清・禹之鼎）

▲ 彩图21　缝裳图（清・吴求）

◀ 彩图22　《文姬归汉图》（金），首戴貂帽，耳戴环，耳旁各垂一长辫，上身着半袖，内着直领，足登高筒靴，颈围云肩

▼ 彩图23　白玉绳纹带扣（清）

▲ 彩图24　妆花缎（清）

▶ 彩图25　簪花的女子（民国）

纺织服装高等教育“十二五”规划教材

成语与服饰文化

冯盈之 编著

東華大學出版社

图书在版编目(CIP)数据

成语与服饰文化 / 冯盈之编著. —上海:东华大学出版社,2013.12

ISBN 978-7-5669-0435-5

Ⅰ.①成… Ⅱ.①冯… Ⅲ.①汉语—成语②服饰文化—中国—古代 Ⅳ.①H136.3②TS941.742.2

中国版本图书馆 CIP 数据核字(2013)第 296549 号

责任编辑 曹晓虹
文字编辑 李伟伟
封面设计 姚大斌

成语与服饰文化

冯盈之 编著

出版发行	东华大学出版社(上海市延安西路 1882 号 邮政编码:200051)
联系电话	编辑部 021-62379902
	发行部 021-62193056 62373056
网址	http://www.dhupress.net
天猫旗舰店	http://dhdx.tmall.com
经销	新华书店上海发行所发行
印刷	江苏省南通印刷总厂有限公司
开本	787 mm×960 mm 1/16
印张	13
字数	265 千
版次	2013 年 12 月第 1 版
印次	2013 年 12 月第 1 次印刷

ISBN 978-7-5669-0435-5/H·536 定价:27.90 元

成语与汉民族服饰文化[1]

（代序）

语言是文化最重要的载体，语言的内容足以反映出某一个时代社会生活的方方面面。词汇是文化意识的结晶，古代文献中的词汇积淀了当代人不能随意更改的文化信息。同一般词汇相比，成语同文化的关系表现得更为明显、突出。成语被称为“活化石”，是汉语言文化的精华，蕴涵着中华民族丰富的文化内涵。在我国，与服饰有关的词语不计其数，表现形式丰富多彩，而在服饰语海里，数量最多、应用范围最广的当数成语。笔者编著的《服饰成语大观》就收录了500余条与服饰有关的成语。这些服饰成语兼有历史和文物的双重价值，其源头大多是中国古代历史著作，有《史记》《左传》《后汉书》及诸子著作，也有反映当时社会生活的文学作品，如《诗经》、唐诗、宋词等。在这些成语中，汉民族的服饰风貌、服饰观、服饰礼仪制度等都有迹可寻。

一、清晰地反映了古代服饰风貌

成语“圣主垂衣”语本《易·系辞》：“黄帝、尧、舜垂衣裳而天下治，盖取之乾坤。”这段文字是说，在黄帝尧舜时期开始出现了衣裳，从而结束了史前那种围披状态。

“胡服骑射”则反映了汉民族服饰与外民族服饰交流、融合的史实。语出《史记·赵世家》：“今吾（赵武灵王）将胡服骑射以教百姓。”战国时期的赵国，在与胡人部落交战中常常处于不利地位。鉴于这种情况，赵武灵王就想向胡人学习骑马射箭。要学习骑射，首先必须改革服装，采取胡人的短衣、长裤服式。于是，赵武灵王于公元前302年开始改革。赵武灵王力排众议，在大臣肥义等人的支持下，下令在全国改穿胡人的服装，因为穿着胡服在日常生活中做事也很方便，所以很快得到人民的拥护。胡服的引进为中国汉族服饰文化增添了新气象。这次民族服饰融合，奠定了中华民族服饰由交流而互进的良好基础。

从“广袖高髻”“巾帼英雄”“风鬟雾鬓”这几个成语，可以看到历代妇女多样的发式和对美的追求。“广袖高髻”反映汉时长安城里妇女流行梳高髻和宽大的衣袖的风气。而“巾帼”是一种假髻，是用假发制成的形似发髻的饰物。“风鬟雾鬓”中的“雾鬓”即“蝉鬓”，蝉鬓是指面颊两旁近耳朵的发薄如蝉翼。梳理蝉鬓，不仅需要一定的技巧，还需要借助梳妆用品。说明先秦时期，妇女就已经用油脂润发。而“蛾眉螓首”“杨柳宫眉”“愁眉啼妆”“朱唇皓齿”“美女簪花”等成语则给我们展示了古代女性多样的妆容和美丽的姿态。

服装是一种身份地位的象征，一种符号，它代表个人的政治地位和社会地位，使人人各守本分，不得僭越。因此，自古国君为政之道，服装是很重要的一项，服装制度得以完成，政治秩序也就完成了一部分。所以，在中国传统上，服装是政治的一部分，其重要性远超出服装在现代社会的地位。

成语“象简乌纱”反映了古代大官的装束。“简”是古代大臣朝见君主时所持的记事板，又叫朝笏，“乌纱”是一种黑纱制成的官帽。唐代定为官服，到了明朝，朝廷官员全部戴乌纱帽。“貂蝉满座”记录了一种冠式，即“貂蝉冠”。指的是官帽以蝉形图案的金铛为装饰，并插上貂尾，有较多的文化内涵。《后汉书·舆服志下》引汉应劭语：“以金取坚刚，百炼不耗；蝉居高，饮洁，口在腋下；貂内劲悍而外温润”，又说：“蝉取其清高饮露而不食；貂紫蔚柔润而毛彩不彰灼”。“蝉”取义为高洁、清虚。

促使服装发挥它的功能，达到它“天下治”的目的，最重要的因素在服色。成语“黄袍加身”从一个侧面反映了古代服色的演进。古代把黄色看成中央正色，隋唐以前的皇帝就开始喜欢黄色（周天子的服饰是玄衣黄裳）。唐高宗中期总章元年（公元 668 年），官民一律禁止穿黄，从此黄色就成为帝皇的象征。于是“黄袍加身”就意味着赵匡胤当上了皇帝。“红紫乱朱”“恶紫夺朱”则反映了作为杂色的紫色曾经与作为正色的朱色有过激烈的斗争。孔子曾宣称“恶紫之夺朱也”（《论语·阳货》）因为朱是正色，紫是间色，要人为地给正色和间色定各位、别尊卑，以巩固等级制度；而“紫绶金章”“紫袍玉带”“衣紫腰金”等成语的流传则说明紫色在汉时已经是高贵的服色。

“褒衣博带”是古代儒生的装束。《汉书·隽不疑传》：“褒衣博带，盛服至门上谒”。其基本样式为高冠、方领、衣袖宽大。儒生的装束，还有“方领圆冠”，即方形的衣领和圆形的帽冠。“方领矩步”同样指古代儒生的服饰和仪态。“褒衣博带”也是魏晋时期的主要服饰风格，尤其是文人雅士，崇尚清谈，不受旧的礼教的束缚，喜好此装。北齐颜之推在《颜氏家训·涉务》篇中说：“梁世士大夫，皆尚褒衣博带，大冠高履。”

“齐纨鲁缟”“蜀锦吴绫”实录了春秋时期高超的服饰生产水平。同时期还有“三千珠履”的豪奢和“冬裘夏葛”的华美。

二、比较全面地反映了古代思想家的服饰观

春秋战国时期，由于七雄争霸，各自为政，造成了百家争鸣，学术论战，产生了以孔孟为代表的儒家，以老庄为代表的道家，以及墨、法等各学派，不同派别的意识形态渗透到服饰美学思想中产生了不同的服饰观。“黼黻文章”“被褐怀玉”“文质彬彬”等成语反映了具体的内容。

儒家代表人物之一的荀子注重服饰，《荀子·富国篇》云：“礼者，贵贱有等；长幼有差，贫富轻重皆有称者也。故天子袾裷衣冕，诸侯玄裷衣冕，大夫裨冕，士皮弁服。”意思是礼制、贵贱有一定的等级，长幼有一定的差别，贫富、人民负担的轻重都各有所宜。所以，天子穿朱衷、戴冕，诸侯穿玄衷、戴冕，大夫穿稗衣、戴冕，士戴鹿皮冠、穿素裳。他认为服饰不仅仅是为了赏心悦目，而且是为了表达人道的秩序。《富国篇》又云：“故为之雕琢、刻镂、黼黻文章，使足以辨贵贱而已，不求其观”。是说服饰之所以雕琢刻镂、服色华美，是使它足以辨别贵贱而已，并不是追求别的。这是成语“黼黻文章”的出处。黼、黻是古代礼服上所绣的色彩绚丽的花纹。荀子还认为服饰有教化的功能，所谓“故为之雕琢、刻镂，黼黻、文章以藩饰之，以养其德也”的意思是服饰可以培养人们的品德。

“被发缨冠”反映了孟子的服饰观。语出《孟子·离娄下》：“今有同室之人斗者，救之，虽被发缨冠而救之可也”。在儒家看来，衣冠代表着社会身份和人格尊严。衣冠不正就不是君子，衣冠比生命更重要。公元前480年，卫国发生了政变。孔子的两个弟子，子路和子羔都在卫国。当时，子路直入宫廷与武士斗，结果被卫士打断了结冠的缨带，冠就要掉下来了，这个时候，子路高叫：“君子死，冠不免！”于是停止战斗，结缨正冠，结果丧命。孟子认为不必太拘泥，所以他说了上述一段话。也就是说，当急于救人的时候，来不及束发、结上冠带也是没关系的。由此看来孟子的服饰观还是以人为本的。

孔子则倡导“文质彬彬”的服饰美学思想。孔子在《论语·雍也》中说：“质胜文则野，文胜质则史，文质彬彬，然后君子。”也就是说，没有合乎礼仪的外在形式（包括服饰），就像个粗俗的凡夫野人，但如果只有美好的合乎“礼”的外在形式，能掌握一种符合进退俯仰的，给人以庄严肃穆的美感的动作（包括着装礼仪），而缺乏“仁”

的品质，那么包括服饰在内的任何外在虚饰，都只能使人感到像是个浮夸的史官。那么孔子认为什么样的着装，符合“文质彬彬”的标准呢？《荀子·子道篇》中记述这样一件事：“子路盛服以见孔子，孔子曰：‘由，是裾裾何也？……今女衣服既盛，颜色充盈，天下且孰肯谏女矣？由！’子路趋而出，改服而入，盖犹若也。孔子曰‘志之，吾语女。奋于言者华，奋于行者伐，色知而有能者，小人也。’”孔子意思是你的衣服华丽，又满脸得意的神色，天下有谁肯向你提意见呢？于是子路起身出去换了一身合适的衣服回来，人也显得谦和了。孔子认为好表现自己的人是小人，只有具有真才实学，同时又诚实，具有仁、智的人才算得上君子。儒家强调“中庸”，孔子认为服饰要合乎“礼”的要求，只有着装适度才能体现出社会制度的有序和个人的综合修养，也才能符合社会规范。

“披褐怀玉”这个成语影响深远，语出《老子》：“是以圣人被褐怀玉”。意思说，圣人表面上非常谦和朴实，好像是穿着最低贱的褐衣的人，实际上他却有着高尚博大的胸怀，心中似玉一般清明。这里所提到的玉，是指未经琢磨的璞玉，是自然的玉。由此，我们可以看出，老子的服饰观是否定甚至反对服饰的修饰作用，强调人的内敛的美质。“披褐怀玉”从根本上否定甚至反对服饰的修饰作用，而强调内敛深藏的人的美质，“怀玉”的内涵心态恰恰与儒家“佩玉”的外显形式相对立。这种服饰思想，数千年来不仅为道家学派所崇奉，直接奠定了道家的穿着风格，还被许多无意注重着装或无钱注重服饰的失意文人所推崇。而且这种服饰观，对魏晋时期士人的通脱的着装观念影响较为明显。

三、较为系统地反映了古代服饰礼仪、制度

前述成语“圣主垂衣”同时也是通过服饰制度而建立的一种早期礼仪伦常之序，就是使人从胡乱裹树叶、树皮，披禽兽皮毛，到开始有序地按一定礼仪伦常规范衣冠服饰。这是以直观方式建立的一种最初的社会人际关系规范。

成语“衣冠礼乐”是对各种等级的穿戴服饰、各种礼仪的规范的总称。服制是区别不同社会等级、不同场合服用形制的规定或规范，所谓“宫室有度，衣服有制”(《荀子·王制》)。在中国古代服饰文化中，服饰的礼制化是非常重要的。成语“冠上履下”语本《史记·儒林列传》：“冠虽敝，必加于首；履虽新，必关于足。何者，上下之分也”。意思是帽子虽然破旧，但是一定戴在头上；鞋虽然新，但是必定穿在脚下。这正是上下有别的道理。着装礼节是相当重要的，所以“颠倒衣裳”(《诗经·齐风·东方未明》)“冠履倒置”(《史记·儒林外传》)是不合

礼制的。

古代男子20岁行加冠礼，是成语“弱冠之年”的由来。冠在礼上体现的意义绝对超过它在服饰中的实用功能。《礼记·冠义》称：“冠者，礼之始也，是故，古者圣王重冠”。“冠而后服备，服备而后容体正、颜色齐、辞令顺”。就是说，戴上礼冠之后，才能做到容貌体态端正，颜容和悦，言辞顺达。冠礼的目的是举行成年的仪式，这种成年意识，是通过服饰这一特定载体传达给社会，并使本人改变社会地位，确定新身份以及表明符合礼教规范的。

“披麻戴孝”则是丧服礼仪的最典型的体现。关于丧服的规定从周代开始十分详尽，相当严格。《礼仪》一书就有七卷专门讲丧服制度，规定了斩衰（cuī）、齐衰、大功、小功、麻五种丧服，合称为“五服”。丧服制度，从周朝开始，历经各个朝代，一直沿用到民国时期，又有成语“拽布拖麻”。

服饰的等级化是古代服制的特点之一，所谓“分尊卑、别贵贱、辨亲疏”，这种特点，在众多的成语中得到了深刻的印证——“布衣黔首”“布衣韦带”“荆钗布裙”是平民百姓的穿着，他们有的甚至“短褐穿结”“衣衫褴褛”；而“绮襦纨绔”“拖紫垂青”“衣紫腰金”是高官显贵的打扮，他们是“纨绔子弟”“簪缨世族”，他们“衣冠赫奕”“服冕乘轩”。两者的差别十分鲜明。

另外，有些成语反映了现代人对古代服饰观的继承。比如“衣锦还乡”“只重衣衫不重人”。

《汉书·项籍传》：“富贵不归故里，如衣锦夜行”。意思是穿着锦绣衣裳走夜路，失去了炫耀的机会，因此无价值可言。进而认为穿着锦绣衣服应该白日走在路上，最好是走在故乡的路上。这当然是人们在着装意识上表现出来的虚荣心。“衣锦还乡”在中国人心目中是根深蒂固的，出外谋生发了财的人，回老家探亲，出现在乡亲们面前时，要穿上华丽时髦的衣服，佩戴尽可能炫耀财富的首饰，以显示自己的成功。

“只重衣衫不重人”的观念一直影响至今。在古代，服饰往往作为识别一个人社会地位的尊卑贵贱和区分一个人等级高下的标志之一，这种区分社会不同地位等次角色的功能是十分突出的。在中国古代，服饰通常是历代统治者用以“分尊卑、别贵贱、辨亲疏”表示人们社会地位和阶级属性的标志。不同等级的人为了区别其社会地位、贫富贵贱，常制定不同的服饰。这反映了中国封建社会极其严格的服制。服装制度得以完成，政治秩序也就完成了一部分。所以中国传统上形成了“只重衣衫不重人”的观念。

有些成语则反映了服饰观念的变化。比如“不修边幅”，在古代常形容衣着随便，甚至穿戴不整洁而且邋遢的人。但此成语在当代却很特别，经常在形容某些艺术家的时候，变成了褒义，指他们注重钻研技艺，不修饰自己外貌，反而有另一种风度和气质。这种特殊的服饰美学观虽不是人人能接受的，但确实存在。

总之，成语以其结构精致、信息容量大的特点，蕴涵了丰富的文化内涵。对服饰成语的研究既是探寻汉民族服饰文化的可靠途径，又是探寻汉民族服饰文化的基础工作。

① 本文发表在《宁波大学学报》(哲学社会版)，2007 年第 6 期

目录

书生意气

古代时尚

绝代风华

魏晋风度

服饰功能

服饰礼俗

图腾崇拜

服饰交流

服饰观念

衣裳之会:反映衣冠服饰第一位的观念

春秋时期各国经常会盟,每次会盟往往由实力最强的诸侯召集。在会盟的时候,诸侯们就会开着兵车、带着甲士,耀武扬威地参加会盟,这中间不乏相互炫耀武力的意思。

公元前651年夏天,鲁僖公、齐桓公、宋襄公、卫文公、郑文公等国君在葵丘会盟,共商如何修好,不再开战,并制定了礼仪。到了秋天,齐桓公、宋襄公、卫文公等诸侯再次会盟于葵丘,这次会盟被称作“衣裳之会”。

“衣裳之会”和“兵车之会”是相对而言的。简单地说,所谓“衣裳之会”,是指以外交手段解决问题的和平盟会,“兵车之会”是指帅兵车聚卒伍,以军事促成外交的盟会。而在葵丘进行的这次会盟,各国国君都穿着平常的衣服,不带甲兵,不乘兵车,具有和平友好的意思。这次的“衣裳之会”在历史上具有重要的意义。

图1 齐桓公(卢延光《一百帝王图》)

齐国是西周时期的东方大国,齐桓公时,任用管仲为相,改革内政,提出“尊王攘夷”的口号,使得齐国国力大为强盛。齐桓公成为春秋时期的第一个霸主。

这次盟会的盟主就是春秋五霸之首齐桓公,这时候的齐国处在最强盛的时期,由齐桓公出面做盟主应该是很有号召力的。这次会盟签订了五项协议,历史上称作“五命”或者“五禁”:一是从此各诸侯国不以人为溃决黄河水为武器;二是不能阻碍各地粮食流通;三是不可改换嫡长子的国君继承制度;四是不可随便杀死大夫;五是不让士世袭官职等。这次会盟的盟约得到了各国的遵守,延续50多年黄河沿岸没有发生大的战争。

清朝杨启元曾作诗云:

霸业消沉有岁年，
会盟台上草芊芊。
居民漫说葵丘事，
一带孤城野水边。

那么，为什么和平盟会被称为“衣裳之会”呢？

衣冠服饰在中国处于第一位，是社会制度所造就的文化模式。礼制，是中国特有的文化观念和社会制度。这项制度造就一种奇特的社会现象，那就是服装被抬高到无以复加的地步。

《管子·君臣》说：“衣服所以表贵贱也”。班固在《白虎通义》中强调，圣人制作衣服是为了“表德劝善，别尊卑也”。历代王朝都有《车服制》《舆服制》《会典》等各种法令规章，规定各阶层的穿衣戴帽，从衣服的质料、色彩、款式、花纹到装饰的细部，都有繁琐的规定，以做到“贵贱之别，望而知之”，违令者以僭礼逾制论罪。森严的等级管制深入到生活领域，形成衣冠之治的传统。

我们再从一组成语来观察这一现象。

先从成语“圣主垂衣”来观察古人的服装观。语本《易·系辞》：“黄帝尧舜垂衣裳而天下治，盖取之乾坤，乾坤有文，故上衣玄，下裳黄……”这段文字是说，在黄帝尧舜时期开始出现了衣裳，从而结束了史前那种围披状态。尊卑等级按衣冠服饰作出区别之后，大家按各自的等级不乱套，天下才不会大乱。人们按照这种衣裳式样穿着，有秩序地拜祖先、祭天地，从而实现天下治。服饰被提升为国家权力的象征，形成了衣冠之治的传统。

衣冠服饰在社会生活中历来处于首位，与汉语有着非常密切的关系。在汉代，“衣裳”成为中国的代称，《后汉书·杨终传》记述：“故孝元弃珠崖之郡，光武绝西域之国，不以介鳞易我衣裳”。李贤注：“衣裳谓中国也”。“我衣裳”的提法，即是“我中国”的意思。作为文化精英的士大夫们都自诩为“衣冠”，于是有成语“衣冠辐凑”“衣冠云集”比喻达官显贵集聚一处；“衣冠赫奕”引申指达官贵人的显赫气势；“衣冠绪馀（yú）”比喻名门之家的后裔。西晋末，晋元帝渡江，中原士族相随南逃，史称“衣冠南渡”。“衣冠扫地”说的是士大夫不顾名节，丧尽廉耻。没有功名的秀才也以“白衣秀士”称道，“衣锦还乡”是古人梦寐以求的理想，至于以“两袖清风”赞誉清官的说法，更是家喻户晓。

因此用穿衣着装表现自己的道德操守成为华夏族的普遍心态，衣冠比生命更重要。公元前480年，卫国发生了政变。孔子的两个弟子，子路和子羔都在卫国。

当时，子路直入宫廷与武士斗，结果被卫士打断了结冠的缨带，冠就要掉下来了。这个时候，子路高叫："君子死，冠不免！"于是停止战斗，结缨正冠，结果丧命。这说明服饰在中国不仅有遮体、保暖、观瞻的作用，还提升为国家权力的象征、文化精英的称号、民族荣辱的标志。于是春秋战国时国与国的友好会盟，被誉为"衣裳之会"。

图 2 葵丘会盟台遗址(商丘)

图 3 齐恒公葵丘会盟(法律史学术网法史图库)

戴玄履黄:反映中国服饰文化的哲学基础

“戴玄履黄”出自《易·坤》:“天玄而地黄”。

玄、黄是两种色相,这里的“玄”,实质上已超越具象的颜色,成为抽象的概念,甚至升华至哲学的领域,“玄衣黄裳”象征传统文化所主张的“天人合一”,“天人合一”是中国传统文化中的重要思想理念。

道家始祖老子提出的“人法地,地法天,天法道,道法自然”,最早明确地把道和自然作为人的精神价值来源。秦汉时期的传统医学经典著作《黄帝内经》也强调:“夫道者,上知天文,下知地理,中知人事”。这告诉我们天、地、人,万事万物之间是一个不可分割的整体。

董仲舒是西汉的哲学家,他在《春秋繁露·深察名号》中提出:“天人之际,合而为一”。人生活在天地之间,自然环境之内,是整个物质世界的一部分,也就是说,人和自然环境是一个整体。当自然环境发生变化时,人体也会发生与之相应的变化。同时,人又是社会整体的一部分,所以,社会的变化必然对人体产生影响。当然,人又会反过来影响社会,天和人合二为一。

董仲舒的“天人感应”之说成为传统历代服饰制度的理论基础。随着两千多年的封建帝王服饰制度的承袭,对中国服饰文化产生了极其深远的影响。

董仲舒的《春秋繁露》中《服制象》和《服制》集中地体现了他以“天人感应说”而形成“服制”内涵的服饰文化观念。董仲舒提出“服制象天,服制以天为象”。“服制”的天象从形制、色彩、佩制完全被纳入“五行”系统。所谓“五行”系统即是“五行”的木、火、土、金、水,“五方”的东、南、西、北和“五色”的青、赤、黄、白、黑,等等,使服饰文化形态从服饰到佩饰都法“天”之“象”完全纳入了“五行”系统,进而使服饰法“天”之“象”更系统、更严密。

中国传统服饰反映着“天人合一”这一理念。

人间君子的帝位是上天赋予的,故称天子。帝王礼祭服饰的设计便成了一个“宇宙”的缩影。如冕板的垂旒“十有二旒”,每旒 12 玉,长 12 寸,以应天数(12 个月),穿玉的藻和玉均为 5 色以应“五方”,上衣下裳以应天地(乾坤)……

图1 汉代深衣

深衣是一种典型的汉服，其特点是上衣和下裳相连在一起，用不同色彩的布料作为边缘，使身体藏而不露，雍容典雅。深衣象征着天人合一，恢宏大度，公平正直，包容万物的中国传统美德。深衣的袖口宽大，象征天道圆容；领口左右相交，象征地道方正。交领的右衽覆盖于左衽之上，也体现了右衽为阳在外，左衽为阴在内的阴阳观念，显出独特的中正气韵，代表做人要不偏不倚；深衣背后有一条直缝贯通上下，象征人道正直；腰系大带，象征行动进退符合权衡规矩；上衣用布四幅，象征一年四季；下裳用布十二幅，象征一年十二个月，人的生活起居顺应四时、十二月之序。因此深衣的形制与剪裁，是半点更改不得的。

在汉代，男穿方头履，女穿圆头履。此中也寓天圆地方之意。

“云肩”则是“天人合一”空灵恢宏的民族服饰文化典范。

图2 佩戴云肩的清代妇女（传世摹本）

图3 楚穿深衣

图4 帛画人物

云肩是从隋唐开始发展形成的一种衣饰，它围脖子一周，佩戴在肩上。云肩的整体造型，打开来，从平面图观看，外圆内方，象征天圆地方；立体地观看，穿在人的身上，云肩上刺绣的“一年景”四季花果，四周垂吊着绿色长穗，恰似大自然的森林一般，笼罩住人的主体，给人感知，有“天人合一”的深刻内涵。云肩“天人合一”的文化创意，来自于以中国为代表的东方文化思维方式，是综合性地讲究万物之间的相互包容与和谐。

“天人合一”的宇宙观是中国服饰文化的哲学基础，天、地、人同构共感的宇宙观是一种具有中国特殊情味的宇宙观，是一个宇宙化的人伦世界，即中国心胸——天地之心。天地之心即是以人生的眼光看宇宙，宇宙就是人生的世界。中国服饰文化以其形制特征体现“天地之家”“天冠地履”“戴圆履方”，深衣的“圆袷方”与“天圆地方”观念相符，“玄衣裳”与“天地玄黄”相符。

邹缨齐紫：反映唯上、趋同的服饰心理

邹缨是春秋时邹国国君系在脖子上的冠带；齐紫是春秋时齐国国君穿的紫色服装。“邹樱齐紫”比喻上行下效。典自《韩非子·外储说左上》：“齐桓公好服紫，一国尽服紫，当是时也，五素不得一紫，桓公患之……管仲曰：‘君欲何不试勿衣紫也，谓左右曰：吾甚恶紫之臭。’于是左右适有衣紫而进者，公必曰：‘少卻，吾恶紫臭。’公曰：‘诺。’于是日郎中莫衣紫，其明日国中莫衣紫，三日境内莫衣紫也。”又：“邹君好服长缨，左右皆服长缨，缨甚贵，邹君患之，问左右，左右曰：‘君好服，百姓亦多服，是以贵。’君因先自断其缨而出，国中皆不服长缨”。

图 1 齐桓公（戴束发冠，束长带，穿紫袍）

“邹缨齐紫”现象是儒家思想对汉民族服饰观负面影响的体现。

儒家传统思想体系着力论证的中心思想之一就是“尊卑贵贱，各有差等”。思想家们极力论证人生来是不平等的，有“君子”和“小人”之分，鼓吹“君子劳心，小人劳力”“劳心者治人，劳力者治于人；治人者食于人，治于人者食人”，这样，人就有了上、中、下之分，逐渐形成了人人安于现存等级制社会的局面，这有利于历代统治者地位的稳固。同时为了强化这种思想的作用和地位，还逐步制定、完备了一套礼仪等级规范，要求人们无条件服从，并逐渐发展成为纲常礼教，使等级观念深入人心。不管王朝如何更迭，封建等级制度始终如一。这种等级观念维护了等级官僚制度的存在，压抑了独立人格的发展。在传统道德文化中，更有不少陈腐保守的封建道德观念，这些思想观念压抑了社会成员的正常需求。

儒家思想意识在历代统治者大力推行、灌输以后，逐渐深入人心，逐渐固化在中国社会之中，在相当程度上决定着中国人的精神构建，并形成了一种很深的思想心理积淀，给国人以全方位的影响，尤其是给中国人的服饰观以深刻影响，这种影响更多的是压抑了人的个性的自由发展。

这种服饰观念主要表现的是唯上、趋同的服饰心理。

儒家思想强调个人服从群体，压抑人的个性，漠视性格，推崇思想大统一。造成国民愚忠愚孝，道德和责任标准压制了人的创造性，这也和历代帝王的意志合拍，被其利用，成为统治阶级的思想武器。儒家思想的内涵是丰富而复杂的，但就统治阶级来说，取大一统的基本精神作为自己理论基础和指导思想之一。所谓大一统，用孔子的话说就是"天下有道，则礼乐征伐自天子出"（《论语·季氏》），即坚决维护在君主专制之下的集权政治，坚决反对地方主义的分权政治，坚决维护国家的统一局面。

忠君思想的强化使得国人更多地存在依赖和服从意识，集体主义是支持专制主义的又一个强大力量。中国传统思想中从来没有什么"个人主义"的观念，渗透到中国人的服饰行为上，形成了一种唯上、趋同的服饰观。个人独立的意识、激情、欲望只能服从统治者的意志和群体的统一。所谓"克己复礼为仁。一日克己复礼，天下归仁焉"（《颜渊》）。

这种服饰心理主要表现在两个方面：

一种是"唯上"。长期受专制政治愚民政策的统治，又长期受"三纲五常"等封建礼教思想的教育，人民缺乏作为独立的人应该具有的个性意识、独立人格、激情欲望，所以有"赵王好大眉，民间阔半额；楚王好广领，国人皆没颈；齐王好细腰，后宫有饿死者"（《太平御览》卷三八九引《风俗通义》）的现象，还有"邹缨齐紫"的现象。所谓上行下效，这些就是最生动的写照。

还有一种是"从众"心理。程朱理学曾提出"惟务洁净，不可异众"，而早在《礼记·王制》中更规定了"作淫声、异服、奇器以疑众者，杀"。人们过分屈从团体压力，放弃真知灼见，害怕与众不同，即使出现一些超乎寻常的创新也会被社会压力所淹没。要"中庸"而平和，不能有偏颇过火的时候，要"温柔居中""以理节情"，在穿着上只能谨小慎微，以牺牲个体欲望来求社会的总体平衡。人们避免创新的打扮，常常是人衣亦衣。穿一件新衣服，会担心别人品头评足，顾前虑后，索性跟着众人走。

图2 齐桓公与管仲（山东武氏祠汉代画像石）

这种心理积淀了数千年，直至 20 世纪末甚至今天，人们在穿着打扮上还有一窝蜂仿效的现象——你穿我也穿，随大流没有错。我们的服装企业能够大批量生产一种款式、一种质地、一种颜色的服装，不也正好说明了这一现象?! 服装穿着的从众行为直接影响了服装企业的从众行为，企业的发展受到影响。因为企业的从众行为带有很大的随意性，造成没有一个明确的发展目标和发展方向。在短期内企业可能发展得很好，但是由于没有长远的目标，企业发展后继无力。从众心理及行为将使服装企业失去竞争力，无法实现持续、长久的发展，更难以走向国际舞台。

绿衣黄里:折射古代服色审美观

“绿衣黄里”出自《诗·邶风·绿衣》:“绿兮衣兮,绿衣黄里”。

对《诗·邶风·绿衣》的理解,研究界一直有争议。据小序判断,这是卫国夫人庄姜自悼失宠之词。

庄姜是春秋时齐国的公主,姜是齐国皇族的姓,因为嫁给了卫国国君卫庄公,人称庄姜。庄姜因为出身高贵,嫁的也是国君,所以她出嫁时很是风光,但由于婚后无子,遭到冷落,生活并不快乐。卫庄公后来娶了陈国之女厉妫,又娶了厉妫的妹妹戴妫。卫庄公脾气暴戾,对庄姜非常冷漠。

南宋哲学家、思想家朱熹,清代经学家姚际恒,文学家方玉润都认同“庄姜伤己”说。朱熹认为卫庄公迷恋小妾,对庄姜十分冷漠,庄姜孤独生怨,所以作此诗,以“绿衣黄里”比喻贱妾尊显、正嫡幽微,本末倒置。

服色的审美,在许多民族中牢牢地打上了文化的印记。汉族的色彩受阴阳五行说的影响有尊卑的区别,青、赤、黄、白、黑是正色,象征高贵,是礼服的色彩。绀(gàn红青,微带红的黑色)、红(赤之浅者)、缥(淡青色)、紫、骝黄是间色,象征卑贱,只能作为便服、内衣、衣服衬里及妇女和平民的服色。

图1 明刻历代百美图——卫庄姜

所以服色有两大功能:一是区别身份地位;二是表示所处的场合。古代政府对全天下的人,都有规定的服色,尤其是天子、诸侯至百官,从祭服、朝服、公服至常服,都有详细规定,他们几乎都是穿着“制服”,因穿“制服”的人多属上层阶级,是人们企羡的对象,因此“制服”服色强烈地影响一般的流行服色。不同的颜色表示着人物身份的高低贵贱,不同的颜色也表示好坏吉凶。

皇室贵族所用的颜色是民间百姓所禁用的，当然，民间百姓常用的颜色也是上层社会所忌的。在喜庆的日子里忌讳穿“凶色”，在有些场合忌讳穿“艳色”，不同场合不同时间所用颜色不能有错。比如，唐代规定紫、朱、青、绿等色不能为平民百姓服用，宋朝仁宗时候黝（黑色）紫色和赤紫色一度是贵色，明代何孟春《馀冬序录》内篇写道：“庶民妻女用袍衫止黑、紫、桃花及诸浅淡颜色。其大红、青、黄色悉禁勿用”。

衣服要以正色为表，间色为里。黄色是正色，绿色则为间色，是不纯不正之色，也称之为杂色。表与里的色彩关系是非常重要的，“绿衣黄里”是与礼不合的，绿衣黄里是不符合服制的，主次关系被颠倒了。绿衣黄里则隐指尊卑失位，贵贱倒置。孤本元明杂剧《渔樵闲话》第二折：“与前妻为寇仇，宠丫环如蜜甘，将亲儿热女途人看，绿衣黄里颠倒用”。

有的学者则认为《邶风·绿衣》是一首丈夫悼念亡妻的诗——

绿兮衣兮，绿衣黄里。心之忧矣，曷为其已！
绿兮衣兮，绿衣黄裳。心之忧矣，曷为其亡！
绿兮丝兮，汝所治兮。我思古人，俾无尤兮。
絺兮绤兮，凄其以风。我思古人，实获我心。

译文：

绿衣裳啊绿衣裳，绿色面子黄里子。我心里的忧伤啊，何时能止！绿衣裳啊绿衣裳，绿色上衣黄下裳。我心里的忧伤啊，何时能忘！绿丝线啊绿丝线，是你亲手整理缝制。我思念你亡故的贤妻，使我平时少过失。细葛布啊粗葛布穿在身上凉浸浸。我思亡故的贤妻，实在熨贴我的心。

第一行写诗人把亡故的妻子生前所做的衣服拿出来里里外外地看着，诗人的心情变得十分忧伤。第二行描写诗人细心地翻看着这些衣服，自己也陷入了深深的思念之中。回想起妻子活着的时候，那情景历历在目，是他永远都无法忘记的，所以他的忧愁也是永远都无法摆脱的。第三行写诗人细心地看着衣服上的一针一线。他感到每一针、每一线都缝进了妻子对他的深深的爱。由此，他想到了妻子平时对他在一些事情上的规劝，从而使他避免了不少过失。在这其中包含着深厚的感情。第四行写到天气寒冷的时候，诗人还穿着夏天的衣服。因为妻子活着的时候，四季换衣都是由妻子为他操心的，可妻子去世之后，自己还没有学会照顾自己。直到实在无法忍受萧瑟的秋风侵袭，才想起寻找保暖的衣服，由此更加思念自己的贤妻，心中充满了无限的悲恸。

人已经逝去，而为他缝制的衣服尚在。衣服非常合身，针线细密而精巧，使他更加感到妻子做的一切都合于自己的心意，这是其他任何人所无法代替的。所以，诗人对妻子的思念，失去妻子之后的悲伤，都将是无穷尽的。

衣冠礼乐:造就五千年华夏文明

衣冠,指各种等级的穿戴服饰;礼乐,各种礼仪的规范。“衣冠礼乐”指封建社会中各种典章礼仪。

《左传·定公十年》疏:“中国有服章之美谓之华,有礼仪之大故称夏”,这就是中国华夏一词的来历。服章即指汉服,礼仪即指儒家道德规范,这一思想造就了伟大的华夏文明,

在世人心中华夏民族与礼仪之大和服章之美密不可分,是毋庸置疑的。由此可见衣冠服饰和礼仪制度、思想文化一样,是中国传统文化中不可分割的重要一环。中华古老的服饰文化绚丽多彩,与民族属性息息相关。中国也因此自古以来被尊称为“衣冠上国”“礼仪之邦”。

《易经·系辞》云:“黄帝尧舜垂衣裳而天下治,盖取诸乾坤。”也就是说,早在黄帝时代古老华夏的服饰就已经相当有规模了,而且服饰形制取诸乾坤天地,意义就更不寻常。

自此,衣冠于华夏从来就不是一件小事。华夏乃衣冠上国,礼仪之邦。秦汉以降,“衣冠”即用来指称华夏之服。衣冠很早便成为华夏民族难以释怀的情结,“布帛可衣”很早列为生民之本,《春秋左传》载,郑国民愤而歌:“取我衣冠而褚之,取我田畴而伍之。孰杀子产。我其与之”。子产变法初期,民众不惯,只觉得被夺了衣与田,便要去拼命。衣冠与田畴,一同被列为民生头等大事。

服饰在华夏文化中,除了“避寒暑、御风雨、蔽形体、遮羞耻、增美饰”等一系列人类通行的实用功能外,还有着“知礼仪、别尊卑、正名分”等特殊意义。衣冠仪礼渐渐升华成为一个文明的象征,《尚书正义》注“华夏”:“冕服华章曰华,大国曰夏”。在强调“名正言顺”的华夏文化中,历代帝王问鼎天下后的第一件事便是“改正朔、易服色”,而悠悠几千年的华夷大防,衣冠除了标识尊卑等级外,自然也见证了民族更易、文明起落。

章服之制开始于夏朝,到商代进一步奠定了基础。西周是我国服饰制度完备的时期。周时的服制规矩深深影响了后来三千多年的服装理念,从此以后无论服

装如何千变万化，关键的要素始终都保持不变。那就是交领右衽、无扣结缨、褒衣大袖。

周代的礼仪十分繁杂。西周之礼分为吉礼、凶礼、军礼、宾礼、嘉礼五大类（称为五礼）。依据礼的需要，服用不同的服饰。比如，祭天地、宗庙等就有祭祀之服，朝会之间就有朝会之服，兵事则有从戎之服，凶丧时就有吊丧之服，婚嫁时有婚礼之服。

西周确立的服饰制度的等级与礼仪原则，经过以孔子为代表的儒家的肯定与阐扬，对中国古代的服饰产生了深刻的影响。特别是其中的冕服制度，历经沿革，成为历代统治阶级的服制典范。冕服，就是古代统治者的礼服，自皇帝、大臣、诸侯及卿大夫都可以服用，但根据地位、场合的不同而确定不同的等级差别，非常严格。

礼教认为着装礼节是相当重要的，如果衣服穿在身上，却不知道它的制度、等级，那就是无知。《礼记·少仪》中写道："衣服在躬而不知其名为罔"。"罔"是迷惑不得知的意思。在中国古代服饰文化中，服饰的礼制化是非常重要的。

图 1　2008 年北京奥运会开幕式展"礼乐"之邦盛世气象

根据史籍记载，在夏、商时期，作为言行规范的"礼"就已经存在。我国的古籍中有许多是论述礼仪的，《周礼》《礼仪》《礼记》是其中有名的"三礼"。我国古代的"礼"，既包括制度层面上的礼，也包括抽象层面上的礼，《荀子·修身篇》称："人无礼则不生，事无礼则不成，国家无礼则不宁"。可见，礼不仅是古代道德思想的精髓，甚至是治国安邦的战略。大体上，礼有三方面的内容：一是指治理国家的典章制度；二是指古代社会生活所形成的作为行为规范和交往仪式的礼制及待人接物之道；三是指对社会成员具有约束力的道德规范。

自汉代以后，中国的服饰制度已是相当完备了，表现出明显的政治伦理观念。从皇帝到皇子皇孙乃至皇族，从文武百官到庶民百姓，各有严格的服制。从服饰颜色、服饰式样到图案花纹，都有相关规定，不能逾越。吉服凶服、祭服常服、盛装平装，各有其制；冠笄之礼，长幼之服，各依其时。

衣锦还乡:折射多重文化意蕴

“衣锦还乡”语出《汉书·项籍传》:“富贵不归故里,如衣锦夜行”。《史记·项羽本纪》也记载:当时,有智者建议项羽在秦地建都称王。而项羽面对破残秦宫,又思欲东归,说:“富贵不归故乡,如衣锦夜行,谁知之者”。“衣锦夜行”是说穿着锦绣衣裳走夜路,无人看见,是毫无价值的。另《旧唐书姜暮传》也写道:“拜暮秦州刺史,高祖谓曰:‘衣锦还乡,古人所尚,今以本州相授,用答元功’”。

又有记录说,宋仁宗时宰相韩琦在相州做官,而相州正是他故乡,因此韩琦建了一座“昼锦堂”,欧阳修也专门为之写了《昼锦堂记》,开头一句即为:“仕宦而至将相,富贵而归故乡。此人情之所荣,而今昔之所同也”(做官做到将相,富贵之后返回故乡,这从人情上说是光荣的,从古到今都是如此啊)。明代董其昌曾特意画《昼锦堂图》。综上,可见“衣锦还乡”观念在中国由来已久并深入人心。“衣锦还乡”成了中国古人乃至当今个人最大的奋斗梦想。这个现象潜藏着深层的文化意蕴,至少包含以下四个方面——反映古代服饰制度的等级化内容,反映“背井离乡”的普遍性现象,反映根深蒂固的乡土情结,反映至关重要的面子心理。

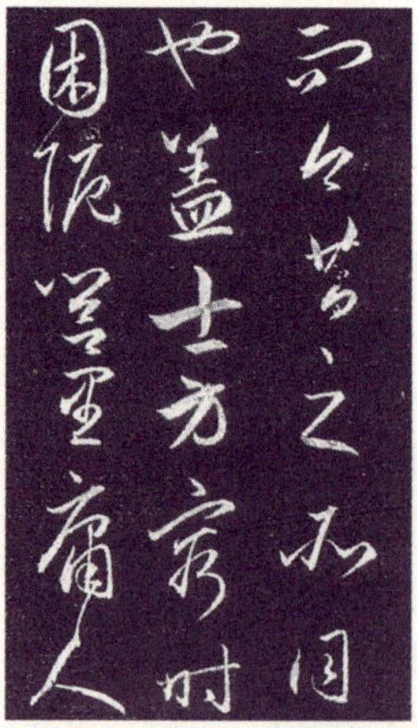

图1　元赵孟頫行草书《昼锦堂》片段

图2　韩琦

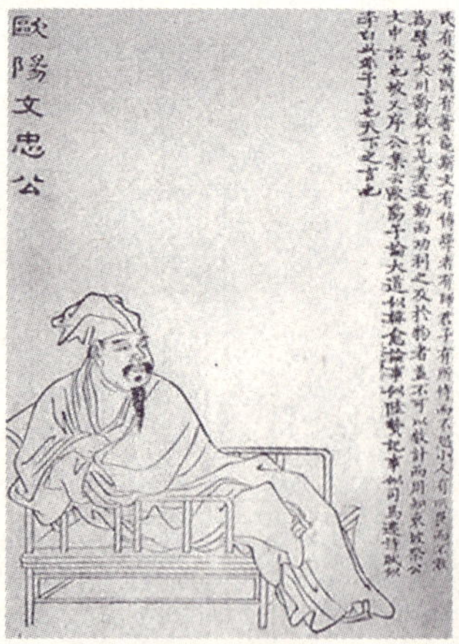

图3　欧阳修

一、反映古代服饰制度的等级化内容

服饰的等级化是古代服制的主要内容之一，所谓“分尊卑、别贵贱、辨亲疏”，服饰是人们社会地位和阶级属性的标志，不同等级的人为了区别其社会地位、贫富贵贱，常制定不同的服饰。无论是其式样，还是颜色、图案或质料，对不同身份的人的规定是不同的。

这种特点，在众多的成语中得到了深刻的印证——“布衣黔首”“布衣韦带”“荆钗布裙”是平民百姓的穿着，他们有的甚至“短褐穿结”“衣衫褴褛”；而“绮襦纨绔”“拖紫垂青”“衣紫腰金”是高官显贵的打扮，他们是“纨绔子弟”“簪缨世族”，他们“衣冠赫奕”“服冕乘轩”。两者的差别十分鲜明。

服装的质料——丝绸和棉麻成了区分贵贱的依据，“锦”字的含意是“金帛”，意为“象金银一样华丽高贵的织物”，事实上古代确有用金银箔丝装饰织造的锦缎，因此锦的外观瑰丽多彩，花纹精致高雅，人们常说“锦绣前程”，这头一个字就是“锦”，没有了“锦”，前程就少了神采。我国早在春秋以前就已经生产锦类织物，《诗经》有描述：“锦衣狐裘”“锦衾烂兮”。“锦”是如此华丽高贵，于是官员权贵无不以衣锦为荣，上述“衣锦还乡”的现象应运而生。“衣锦还乡”成了光宗耀祖的代名词，成了中国人实现人生价值的原动力。

二、反映“背井离乡”的普遍性现象

既是“还乡”，那肯定是以“离乡”为前提的。中国人眷恋家乡，但有时又不得不走出家乡，而且还是比较普遍的。具体表现为迫不得已与主动意愿两种情形。或如古代的游学、仕宦、贬谪、征戍、羁旅、行役、战乱、流离，又如现当代的经商、留学，经典如“走西口”“闯关东”“下南洋”，当代的“孔雀东南飞”，所谓人才的流动，还有20世纪80年代以来，经济发达的沿海地区涌现的打工潮形成了一种普遍的现象。

三、反映根深蒂固的乡土情结

因为重乡土，于是形成了游子离乡——思乡——还乡的生命跋涉痕迹，以及情感脉络。于是古代文学中有了大量的思乡诗词，脍炙人口的如李白“举头望明月，低头思故乡”，王维“独在异乡为异客，每逢佳节倍思亲”，李煜“问君能有几多愁，恰似一江春水向东流”。

既然有思乡的愁苦与怀念，也就有了“还乡”的悲与喜、迫切与羞涩，直至叶落归根。

王安石“春风又绿江南岸，明月何时照我还？”薛道衡“入春才七日，离家已二年。人归落雁后，思发在花前。”宋之问“岭外音书断，经冬复立春。近乡情更怯，不敢问来人。”贺知章“少小离家老大回，乡音无改鬓毛衰。儿童相见不相识，笑问客从何处来?”杜甫“白日放歌须纵酒，青春作伴好还乡”。

古代如此，现代更甚。现当代文学中，“乡土”也是缔造名篇、名家的一个重要因素。

沈从文作品的灵魂就是他的家乡——凤凰情结。鲁迅也有直接描写故乡的作品，如《故乡》《从百草园到三味书屋》等。作家柯灵写过一篇题为《乡土情结》的散文，他说“人一离开乡土，就成了失根的兰花，逐浪的浮萍，飞舞的秋蓬，因风四散的蒲公英”。中国人的乡土情结，还凝结在一连串的词汇中：乡党、乡关、乡贯、乡间、乡井、乡里、乡邻、乡民、乡亲、乡情、乡曲、乡人、乡俗、乡土、乡谊、乡音、乡友、乡园、乡梓……

乡土情结不仅表现在文学作品和语言文字中，更表现在生活行为中。延续至今的不变的“乡情”于是出现了人类历史中规模最大的迁移活动——春运，载着满车厢的“乡情”，心中只有一个念头——回家，演绎了一出出悲欢离合的故事。

四、反映至关重要的面子心理

“面子是个人从他人获得的社会尊严，或经他人允许和认可的公众形象”。中国自古就是以家族为核心，这就决定了国人集体高于个人的心态，由此一个人的荣辱也与家族紧密相连。例如，历代士子状元及第后，都要例行衣锦还乡、祭祀祖先，好让整个家族都有面子。刘邦的《大风歌》是这样唱的：“大风起兮云飞扬，威加海内兮归故乡，安得猛士兮守四方!”这是衣锦还乡的刘邦志得意满的高唱，据史料得知，刘邦所谓的“衣锦还乡”是在灭项羽建立汉朝12年之后，东征叛臣顺路回沛县(今江苏沛县)的，这时候，刘邦已经是大汉天子了。

图4 宁波鄞州陈氏宗祠正殿“昼锦堂”匾(宁波晚报2012年8月6日)
陈氏宗祠为明代清官陈本深回乡后牵头修建，四合院结构，前后两进，东西厢房。正殿“昼锦堂”之名为皇帝所赐，也就是希望陈氏后人富贵后能衣锦还乡，光宗耀祖

一种文化表象之下，大都有着深层的原因。衣锦还乡，既是中国人的个体奋斗梦想，又是奋斗的原动力。合理发挥传统文化特色对个人和国家的发展是有利的。

披褐怀玉:奠定道家的服饰风格

"披褐怀玉"出自《老子》:"知我者希,则我者贵,是以圣人被褐怀玉"。意思说,我是在说天道,可是世间能够明白此天道的人太少了。掌握天道的人以此去救人群,并不因这样做而骄傲。所以,圣人表面上非常谦和朴实,好像是穿着最低贱的褐衣的人,实际上却有着高尚博大的胸怀,心中似玉一般清明。

图 1 老子像(元·赵孟頫,故宫博物院藏)

就此,晋代王弼注:"被褐者,同其尘,怀玉者,宝其真也。圣人之所以难知,以其同尘而不殊,怀玉而不渝,故难知而为贵也"。北宋苏辙说:"圣人外与人同,而中独异尔"。

褐是麻毛类粗纤维做的衣服,是古代贫苦人穿的衣服;玉,比喻才德,意指有才能而不形于外。这里所提到的玉,是指未经琢磨的璞玉,是自然的玉。由此,我们可以看出,老子的服饰观是否定甚至反对服饰的修饰作用,强调人的内敛的美质。

"披褐怀玉"的服饰思想影响深远,从根本上否定甚至反对服饰的修饰作用,而强调内敛深藏的人的美质,"怀玉"的内涵心态恰恰与与儒家"佩玉"的外显形式相对立。这种服饰思想,数千年来为道家学派所崇奉,直接奠定了道家的穿着风格。

道教产生于东汉末年,借用佛教的形式,组装中国已有的老庄学说中的神秘成分、民间巫术、阴阳五行以及谶纬等等,形成一种宗教。道家主张"大音稀声""大巧若拙",追求返璞归真、恬淡清纯,崇尚自然之道。

道教产生之初,道衣曾以氅(鹙鸟羽毛)拈绒,然后编织而成,称鹤氅。《水经注卷二河水》:"岩堂之内,每时见神人往还矣,盖鸿衣羽裳之士,练精饵食之夫耳"。道教的理想是长生不老,羽化升天。以鸟羽为衣,取神仙飞翔之意。羽衣成为道教的仙衣,所以,道士别称"羽士""羽人"等。

图 2 明代道士服饰

道教服饰晋代以前无定制，至南朝刘宋陆修静，道服才开始制度化，有一定规格。道家主张“五色令人目盲”“无色而五色成焉”“澹然无极而众美从之”（《刻忌》），体现在服饰艺术上追求向黑色回归的无色之美，偏爱黑、白、青等平淡素净之色。以此可见其抱朴守素的风格。

近代沿袭的道衣主要有大褂、道袍、戒衣、法衣、花衣。大褂、道袍是道士的日常服，戒服是在受戒时穿着，法衣是作法事或宗教大典时的法服，花衣是经师上殿时穿着的绣花衣。仙鹤是道教常用的图案，世称成仙为“羽化登天”。羽化，是指乘着仙鹤飞生上天的意思。

道士不削发，头上挽一个特殊的发髻，称为仙髻，头上还要戴头巾，称为混元巾。初期道士不修边幅、长髯长发，道士戴的冠子有黄冠、五岳冠、莲花冠、星冠、五老冠等。

黄冠一词始见于《礼记·郊特牲》，指祭时所戴之冠。早期道教徒尚黄，故世人根据道士衣冠颜色，称道士为黄冠。成语“遁迹黄冠”，谓避开尘世而做道士。

道士脚穿白棉布做的水袜，类似绑腿；鞋是黑布做的云履（或叫云鞋）。

“被褐怀玉”这种服饰思想，对魏晋时期士人的通脱的着装观念影响也较为明显。

魏晋南北朝，是中国历史上一段战乱频仍、生活动荡、政治形势多变、民众流离失所的时期。当时，文人们在社会生活中所遇到的种种不如意，使得他们动摇了心灵中从小接受的儒家思想的地位。他们找寻不到政治的出路，转而产生出世思想，即尊崇老庄，向往庄子那样“逍遥乎山川之间，放旷乎人间之世”。以一些日常行为，包括着装行为去有意违抗汉以来一统天下的儒家礼仪规范。在服饰上极力创造出一种超凡脱俗的味道，以显示自己的与众不同。不修边幅、褒衣博带、解衣当风，成为魏晋士人的服饰风范。

“被褐怀玉”还被许多无意注重着装或无钱注重服饰的失意文人所推崇，成为他们逃逸社会的外在掩护。

图 3 戴玉冠穿鹤氅的人物（宋代赵佶《听琴图》）

图 4 白玉蟾（南宋道人）像（明万历刻本《海琼玉蟾先生文集》）

文质彬彬:反映孔子的美学思想

孔子在《论语·雍也》中说:“质胜文则野,文胜质则史,文质彬彬,然后君子”。也就是说,没有合乎礼仪的外在形式(包括服饰),就像个粗俗的凡夫野人,但如果只有美好的合乎“礼”的外在形式,能掌握一种符合进退俯仰的,给人以庄严肃穆的美感的动作(包括着装礼仪),而缺乏“仁”的品质,那么包括服饰在内的任何外在虚饰,都只能使人感到像是个浮夸的史官。

孔子“文质彬彬”的服饰审美文化观强调的是“内容”与“形式”相统一的美学原则。

那么孔子认为什么样的着装,符合“文质彬彬”的标准呢?《荀子·子道篇》中记述这样一件事,“子路盛服以见孔子,孔子曰:‘由,是裙裾何也?……今女衣服既盛,颜色充盈,天下且孰肯谏女矣?由!’子路趋而出,改服而入,盖犹若也。孔子曰‘志之,吾语女。奋于言者华,奋于行者伐,色知而有能者,小人也。’”孔子意思是:你的衣服华丽,又满脸得意的神色,天下有谁肯向你提意见呢?于是子路起身出去换了一身合适的衣服回来,人也显得谦和了。孔子说,好表现自己的人是小人,只有具有真才实学,同时又诚实,具有仁、智的人才算得上君子。

图 1 孔子见老子(汉画像石)

儒家强调“中庸”,孔子认为服饰要合乎“礼”的要求,只有着装适度才能体现出社会制度的有序和个人的综合修养,也才能符合社会规范。孔子很重视服饰之美,尤为重视礼仪服饰之美，亦即服饰之美要符合礼仪，“礼”是服饰美的核心。《论语·乡党篇》(节选)着重体现了孔子的这一服饰观：

《论语·乡党篇》(节选)

君子不以绀緅饰，红紫不以为亵服。当暑袗絺綌，必表而出之。缁衣羔裘，素衣麑裘，黄衣狐裘。亵裘长，短右袂。必有寝衣，长一身有半。狐貉之厚以居。去丧无所不佩。非帷裳必杀之。羔裘玄冠不以吊。吉月，必朝服而朝。

译文：

君子不用玄色或浅绛色的布来装饰衣服边缘，也不用红色或紫色的布制做家居便服。夏天用粗细不同的葛布作单衣，但外出时必须在单衣外另罩一件外衣。(冬天)穿黑色的羊羔皮袄须加以黑色的外衣，穿白色的鹿皮袄须加以白色的外衣，穿黄色的狐狸皮袄须加以黄色的外衣。居家穿的皮袄要做得长一些，右边的袖子短一些。(晚上睡觉)一定要有被子，被子的长度须达到本人的一身半。(白天居家)要穿上厚毛的狐貉皮制作的裘衣(以接待宾客)。服丧期满，须佩上应该佩戴的饰物。除下裳整幅不裁剪外，其余服装都须加以剪裁。吊丧时不能穿黑色的羊羔皮袄，也不能戴黑色的礼帽。每月初一上朝时一定要穿上朝服。

文章对君子服饰、寝衣，以及居家、外出时的服饰都作了合乎“礼”的规定，在服饰色彩、款式、着装与环境气氛的相宜上提出了合乎“礼”的要求。具体表现为以下两个方面：一是服饰色彩要合乎“礼”。反对君子用“绀緅”之色为常服作衣缘，既因为这两色为斋服和丧服之色，以此为缘不合礼仪，也因为重视服色之纯，贵一色而贱贰采。反对君子以红紫二色作家居便服，因为红紫二色属于不正之色，卑贱之列，为君子不齿。二是着装要合乎“礼”。夏天外出，要在葛布单衣外另加衣服；冬天居家，裘衣长而且厚；服丧期间，不戴佩饰，服丧期满，须佩上该佩之物；吊丧不能着羔裘玄冠；朔日必须着朝服上朝等等。这些都充分说明了孔子重视服饰之美，尤其重视服饰的仪礼性和规范化。什么身份的人在什么场合、什么时候如何着装，都应该适度。只有这样，才能体现出社会制度的有序和本人的修养，才符合社会规范。

孔子关于“文质彬彬”的观念形态的“质”，即服饰以“礼乐”文化为底蕴的“内容”，与服饰的形制、颜色、纹饰、佩饰及质料等“形式”，即“文”之间的辩证统一的服饰审美文化观念。这不仅是孔门儒家，也是中国古代服饰美学思想目的论的核心内涵。

削发披缁:一类宗教的自我提醒

关于佛教,《辞海》中有这样的介绍:“佛教与基督教、伊斯兰教并称为世界三大宗教。相传公元前五至六世纪中,古印度迦毗罗卫国(今尼泊尔境内)王子悉达多·乔答摩(即释迦牟尼)所创立。……佛教自东汉明帝永平十年(公元67年)传入中国,经三国两晋到南北朝四五百年间,佛经的翻译与研究日渐发达,到了隋唐遂产生天台、华严、唯识、禅宗、净土、密宗等具有中国特色的许多宗派”。

佛教传入中国两千年来,其服饰文化始终是独树一帜的。佛教服饰文化作为佛教文化中最重要的组成部分,不但在僧侣生活中处于重要地位,而且对普通人们的精神生活和社会生活同样产生着重要的影响,形成了有别于中国传统服饰文化的价值体系和审美特色。佛教服饰文化同佛教经典教义一同传入我国,吸收了中国本土服饰文化的丰富营养,在中国大地上得到了长足的发展,形成了具有中国民族特色的佛教服饰文化,是中国传统服饰文化中的文化瑰宝。

服饰这个极鲜明的外在标志,最能反映佛教生活和佛教文化的独特性。

僧人的服饰与世俗的服饰有着明显的不同,它以独特的形制和颜色蕴涵着佛教的教义和戒律,从而既能满足宗教生活的需要,同时也能显示出家人与俗人的区别。

剃除须发、身着染衣是佛教僧侣最显著的标志。落发,以示斩断尘缘;用黑色,是为了使僧人丢掉美丽的装饰,过一种清心寡欲的生活。

当然,佛教服饰文化是流变的。

佛教从东汉明帝时起传入中原,此时中国僧人都穿赤色僧衣。《弘明集》载汉末牟融的《理惑论》中说:“今沙门披赤布,日一食,闭六情,自毕于世”。但那时的僧人不多。

大约在东晋之时,佛教借着名人高士的玄学清谈之风而兴起,由于佛教兴盛,汉人僧侣的增多,那时便出现了不同于袈裟的僧服“缁衣”。所谓“缁衣”,是在汉地原有的那种宽袖大袍的传统服装基础上,稍微改变其式样而成为僧人们日常穿着的服装,只是在颜色上作了规定。

缁色，即现在所说的“红青色”，是微带赤色的黑色。因衣色而称人，那时的僧人们被称为“缁衣”或“缁流”。因为当时的平民服装多为白色，所以人们将僧徒与平民对称为“缁素”。“缁衣”成为当时沙门的代号。唐朝韦应物《秋景诣琅琊精舍》诗中有：“悟言缁衣子，萧洒中林行”。南朝刘宋时僧人慧琳热衷政治，时常出入朝廷，与宋文帝讨论国家大事，人们称他为“黑衣宰相”。

隋唐时代，佛教受到统治阶级的赏识。武则天依照唐带三品以上服紫的规定，赐给法朗等九位僧人紫袈裟，唐肃宗亦授予道平紫袍。此后宋代也都以赐紫衣为僧尼的最高荣誉。元代僧服多为黄色，这是由于当时皇帝的提倡，故元代文人欧阳玄有诗曰：“苾蒭（比丘）元是黑衣郎，当代深仁始赐黄。”

明代初年，朝廷开始统一僧服颜色。明代的僧人分为禅、讲、教三类，禅指禅宗，讲指天台宗、华严宗、法相宗，教指专门为人家念经的“经忏僧”或“应赴僧”。朝廷规定禅僧常服为茶褐色，袈裟为玉色；讲僧常服为玉色，袈裟为浅红色；教僧常服为皂色，袈裟为浅红色。但在具体穿着中仍不是那么严格。特别在不同的地区，仍有不同的风格。即使在当今的寺院，僧人的常服大多是褐、黄、黑、灰四色。在北方有黄绿色，称为湘色。袈裟的颜色则大多为朱红色、红色、金黄色。”

图 1 玄奘像（《大正藏图像册》）

现在各地的汉传佛教出家人的常服一般是褐、黄、黑、灰四种颜色，袈裟颜色多为褐、黄、灰三种颜色，地位稍高一些的出家人，如方丈一般都穿烈火红色的袈裟。红色和黄色均是佛律所不允许使用的上色和纯色，这有助于显示佛门威仪，对传教弘法是有利的。

佛教教义中的自省、戒贪、持律等观念使佛教服饰将社会风气、世俗文化对其影响减少到最低限度。佛教服饰文化强调实用、少欲、简朴，这种“排他性”使得佛教服饰在社会动荡、风云变幻之中有效地保持了自己的独立性。

佛家还规定佛教弟子们必须穿着或来自墓地，或是在大街上、垃圾场里捡来的“粪扫衣”和“百衲衣”。他们认为穿着这样的衣服是为了减少僧人对物质的贪欲，表示僧侣过的是一种简朴的宗教生活。佛教更不主张任何纵欲行为，要求衣服能够去除比丘对外在物质的欲望，只要达到遮蔽身躯，保护身体，防御冷、热、蚊、虫、风等功能就已经足够了。僧侣作为潜心求道的人，其服装除了有遮蔽四体、保暖济身的自然功能外，所表达的精神意义必然和佛教的宗教教旨相一致。

图2　弘一法师

弘一，俗名李叔同(1880—1942)，他是一位中年出家、专门研究佛教律学的弘法大师。弘一法师出生在一个富宦家庭，出家以前曾经是一个风流倜傥的公子。入佛之后的大师由注重美饰的美男子变为极尽俭朴、严修戒律的得道高僧。弘一持戒严谨，淡泊无求，一双破布鞋，一条旧毛巾，一领衲衣，补丁二百多处，青白相间，褴褛不堪，还视为珍物。服饰对于弘一来说，就是一种身份的标志和象征，既然作了僧人，就应该做到必须要遵守的戒律，只有这样，才不愧为一个僧人。

图3　北宋・李公麟《维摩演教图卷》

图4　行脚僧形象(法国吉美博物馆藏品)

东方神韵

齐纨鲁缟:记录衣冠天下的风貌

唐朝郑还古《博异记·岑文本》记载:“衣服轻细如雾,非齐纨鲁缟之比”。

5000 年前,中国蚕丝业已经相当发达。迄今为止发现商代的甲骨文中“丝”字有 100 多个,在《诗经》《战国策》等周代文献中出现的指称丝织品的名词有数十字,比如有“缯”“素”“练”“绡”“纱”“纺”“缟”“纨”“绨”“绮”等。

春秋战国时期,丝绸的生产技术已推广到全国许多地方,各地出现了丰富多彩的品种,如蜀锦、吴绫、鲁缟、齐纨、楚绢等。

春秋战国时,丝绸已遍布全国,其中最出名的是齐、鲁、陈留和襄邑。据《考工记》记载,齐官设丝工分六门三十种,《范子计然》记载齐国锦绣“上价匹二万,中万,下五千”比市价高出近十数倍,“齐纨鲁缟衣冠天下”由此而来。

缟是细白的生绢。历史上以曲阜所产尤为轻细,称“鲁缟”。西汉司马相如《子虚赋》:“于是郑女曼姬,被阿锡,揄纻缟,杂纤罗,垂雾縠(hú 有皱纹的纱)”。《汉书·韩安国传》:“强弩之末,力不能入鲁缟”。颜师古注:“缟,素也。曲阜之地,俗善作之,尤为轻细。”

图 1　鲁绣《荷花鸳鸯图》(故宫博物院藏品)

春秋战国时期,土地肥沃、生产技术领先的齐、鲁一带,迅速发展成为当时我国丝绸生产的中心,这一带桑麻普野,妇女们手艺精巧,她们能织善绣,产品行销各地,故齐国有“冠带衣履天下”之称。陈留襄邑出产的锦,有美锦、文锦、重锦、纯锦的名称。而质薄精细的丝绸,则有“齐纨鲁缟”的美名,这些都是春秋以来著名的产品。它们的出现,既改变了服装用料的成分,也改变了衣服用料社会分配的格局。

唐代著名诗人杜甫在《忆昔》中写道："齐纨鲁缟车班班，男耕女桑不相失"。

围绕着"齐纨鲁缟"，齐、鲁两国还曾爆发过一场经济战。春秋时期，鲁庄公一直不服齐桓公，两国之间经常发生摩擦。桓公与管仲商议对付鲁国的办法，管仲想了一条奇计，他请桓公带头穿缟做的衣服，令大臣也要穿缟做的衣服，于是齐国百姓也都纷纷效仿。一时间，缟服遍及齐国。管仲下令齐国百姓不准织缟。于是，缟的价格猛增。鲁国百姓见织缟有利可图，便放弃农事织起缟来。家家纺机响，户户织缟忙。管仲又派人贴出告示："鲁国商人给齐国贩来一千匹缟得三百金，贩来一万匹得三千金"。这样一来，更给鲁国的织缟热加了温。鲁侯高兴了，认为织缟可发，于是下令全国织缟。鲁国百姓忙于织缟，田地都荒芜了。转眼就是一年，管仲突然下令封闭关卡，不让鲁缟进入齐国。同时，又让桓公和大臣们改穿齐纨做的服装。于是，齐国上下纨料衣服又大流行，无人再穿缟衣了。这一下，可苦了鲁国。人误地一时，地误人一年，两季庄稼收成没了，堆积成山的缟卖不出去，百姓顿时陷入了饥饿之中。鲁庄公发现中了管仲的计谋，急忙下令停止织缟，可为时已晚，他只好派人到齐国购粮，管仲把粮价一提再提，把鲁庄公搞得内外交困，迫不得已，鲁庄公派人向齐国求援，请求借粮，并表示今后愿听齐桓公调遣，决不再找齐国的麻烦。管仲建议桓公接受鲁庄公的请求，开仓向鲁国放粮。

齐纨鲁缟的故事，展现了管仲以经济为手段"不战而屈人之兵"，征服敌国的高明智慧。

图 2 曾母投杼（山东嘉祥武氏祠汉画石像）

图 3 戴进贤冠、穿深衣的管仲

蜀锦吴绫:织就千年高贵盛名

蜀锦是四川生产的彩锦,是传统的丝织工艺品。蜀锦因其历史悠久、工艺独特,有中国四大名锦之首的美誉。

蜀锦起源于战国时期,兴起于汉代。因为汉朝时成都蜀锦织造业已经十分发达,朝廷在成都设有专管织锦的官员,因此成都被称为“锦官城”,简称“锦城”,而环绕成都的锦江,也因有众多民众在其中洗濯蜀锦而得名。

蜀汉时代,百姓穷困,国库空虚,时任丞相的诸葛亮就曾说:“今民贫国虚,决敌之资,唯望于锦。”可想而知当时的蜀锦不仅质优量多,而且价格昂贵。

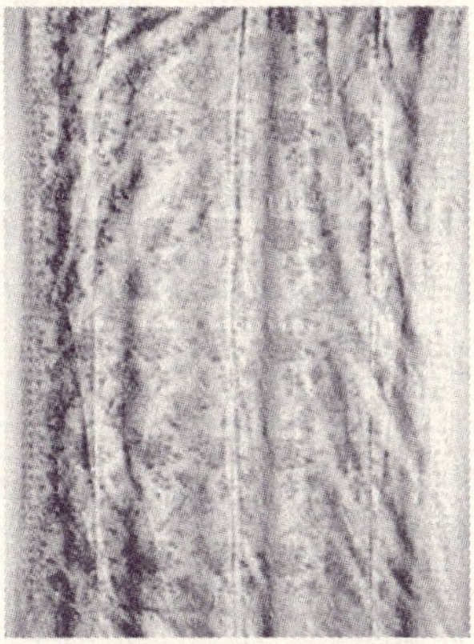

图1 月华锦

早期蜀锦以多重经丝起花(经锦)为主,唐代以后品种日趋丰富,图案大多是团花、龟甲、格子、莲花、对禽、对兽、翔凤等。清代以后,蜀锦受江南织锦影响,又产生了月华锦、雨丝锦、方方锦、浣花锦等品种,其中尤以色晕彩条的雨丝、月华最具特色。

蜀锦的织造在汉唐时期以多综多蹑织机为主,唐宋以来使用束综提花的花楼织机。现代蜀锦采用的是分条整经的方式,适宜于牵彩条经。

四川蜀锦的传统特色是经线起花,而且经线呈彩条状排列,因此,织出的织锦往往带有彩条或彩格。蜀锦中有一种较有代表性的品种——回回锦,即用各色不同的丝线排列成经,而纬异色五枚缎,但在总体效果上看则是有各种彩格的彩锦,因其形如回回,故称回回锦。

从先秦时期开始,蜀锦就通过由成都经东南亚至印度的“南方丝绸之路”传入欧洲,以后在两千多年的时间中成为东西方经济、文化交流的珍品。

吴绫是古代吴地所产的一种有纹彩的丝织品,以轻薄著名。

《释名·释采帛》解释绫的含义:“绫,凌也。其纹望之如冰凌之理也。”通常称之为“斜纹凌”。汉代的绫一般以散花绫和几何纹绫为主饰。对此,著名的《西京杂记》还有一段详细的记载:"绫出巨鹿(今河北琢县)陈宝光家。宝光妻传其法,霍显(光妻),召入其弟,便作之。蒲桃锦三十四匹,散花绫二十五匹,机用一百二十蹑(踏杆),六十日成一匹,匹值万钱。"西汉出土的绫,十分珍贵,价比黄金,一匹绫可换五个奴婢。这种贵重的纺织品只有五侯才享受得起。如湖南长沙马王堆一号汉墓出土的只有对鸟纹绮,竟无绫。连长沙王都没有绫陪葬,可见汉绫之珍稀。到了三国时,陕西扶风籍纺织革新家马钧,思绫机之变,将六十蹑(踏杆)的旧绫机,革新为十二蹑。其奇之异变,犹自然之成形,阴阳之无穷。在花绫的技巧上有了新的发展,《晋书·卢志传》载:"众敬临还,献仙人纹绫一百匹。"

唐代的织绫业,则达到了高峰,织染署织纴之作中的第五(坊)就是绫作。至武则天垂拱(685—688)初年,织染署中的绫作有织绫锦巧儿 365 人,其中有专业绫匠 83 人,掖廷绫匠 150 人,内作巧儿 42 人。织出的花纹有盘龙、对凤、狮子、天马、孔雀、仙鹤、双胜等图案。唐代官府向民间颁布"禁大花绫等敕"的禁令,可见当时民间也能织出精美的大型花绫。日本正仓院(国家博物馆)收藏的"葡萄唐草文绯绫"被列为国宝。

唐代最负盛名的吴绫织物应该是缭绫,这是朝廷在地方定织的专属丝织物之一。大文豪白居易专门为它创作了著名的《缭绫》诗篇,流传千年,也使其成为后人所熟知的绫品种。"缭绫"为一种用青、白两色丝织成的花绫,费工很大,使用的丝很细,质地轻,是皇室内做舞者衣裙的原料。《缭绫》诗赞越绫的精美:

> 去年中使宣口敕,天上取样人间织。织为云外秋雁行,染作江南春水色。异彩奇花相隐映,倒侧看花花不定。昭阳舞人恩泽深,春衣一对值千金。
>
> 缭绫织成费功绩,莫比寻常缯与帛,丝细缲多女手疼,札札千声不盈尺。

这首诗真实地记述了唐代缭绫花样之美、品质之精、织造之难、价值之贵。

施肩吾则写有《江南织绫词》:

> 卿卿买得越人丝,贪弄金梭懒画眉。
> 女伴能来看新聂,鸳鸯正欲上花枝。

北宋沿袭唐制,规定绫为官服之用。宋绫盛极一时,据称有 21 个州生产绫织物。

《宋诗》载：全国绫得上供为四万四千九百匹。宋绫除了用于服饰外，还用作书画经卷的装潢封面。据《钧轩清闭路》记载，绫有碧鸾、白鸾、皂鸾、皂大花、碧花、姜牙、樗蒲、杂花盘雕、涛头水波纹、仙纹、重连、双雁、仿棋、白鹭等花纹图案。

蜀锦吴绫，比喻声名高贵。

图 2 湖州绫绢（一）

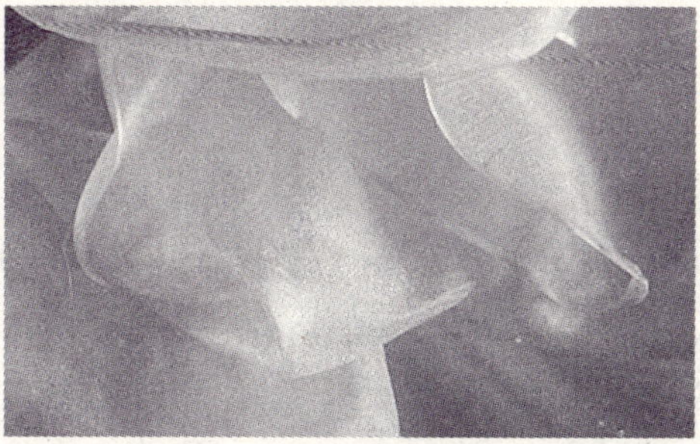

图 3 湖州绫绢（二）

绫罗绸缎：诠释风神飘逸的东方神韵

图 1　并丝图(汉画像石)

缫丝织绸是中国人民的伟大创造。考古资料证明，我国的丝织技术至少有 5000 年历史。在浙江吴兴钱山漾新石器时代遗址中，考古工作者发现过绢片，这是我国目前所发现的最早的丝织品。殷墟出土的青铜器上常常发现丝绢的印痕，其中不但有细密的平纹绢，还有织出菱形图案的织物，表明商代的丝织技术已经取得了长足的进展。周代以后，特别是春秋战国时期，随着社会经济的发展，蚕桑丝绸业也发展兴盛。

丝绸文化历史久远，集中反映在与丝绸相关的历史记载、文物遗存、诗歌文章、人物传记、工艺美术、织绣产品、雕刻绘画等各个领域之中。而作为第一部词典，东汉许慎的《说文解字》在系统地分析字型和考求本义的同时，也透露了大量的古代文化的信息。《说文》糸部字259 个，为人们认识和研究古代丝绸文化提供了宝贵资料。古代中国丝绸文化可简要归纳为品种繁多、工艺高超等特点。

一、从《说文》糸部看中国古代的丝绸品种

丝绸织物可分为十四大类，即绫、罗、绸、缎、绢、纱、绡、纺、绉、锦、绒、绨、葛、呢等，而古代的织物分类除部分同于当今的十四大类的名称外，在《说文》中，另有称谓，如纨、绮、缣、绨、縳、紬、縩、縠、帛、缟、缬、缯、绫、缦等，显示古代丝绸品种结构复杂、花色名目丰富。

缯，《说文》："帛也"。在《说文》里"缯"是一大类丝织物的总称。还可以见到一些具有花纹和色彩的缯类的名字；

如"缣"，《说文》："并丝缯也"，即为双丝织成的细致丝织品。

另有：

绨，“厚缯也”，厚的丝织品。

缦，“缯无文也”，指丝织品没有花纹。

缃，“缯也”，缯帛类丝织品。

紬，“大丝缯也”，是比常丝粗的丝织品。

綮，“致缯也”，为细密的丝织品。

绮，“文缯也”，就是有花纹的丝织品。早在商代的青铜器上，就有花绮等丝织物的印痕，其纹样有回纹、菱纹、云雷纹等不同形式的几何纹。

縠，《说文》：“细缚也”。古称质地轻薄纤细透亮、表面起绉的平纹丝织物为縠。《周礼》疏：“轻者为纱，绉者为縠”。汉以后又称“纱縠”，是一种有绉文的纱，以轻薄著称，向为贵重衣料。所以又有“雾縠”之称，这种轻纱，薄如云雾。《汉书·江充传》：“被华文，厕雾縠。雾縠，言其轻细若云雾也”。近年湖南长沙一带出土的西汉初年的细绣纹纱罗，薄如烟雾，且有仿泥金银印花彩绘薄质织物，每件纱衣重不到一市两，近乎汉人说的雾縠。

纨，《说文》：“素也”。

缟，《说文》：“鲜色也”，都是指白色的细绢。

绫，《说文》：“东齐谓布帛之细者曰绫”。就是说，东齐地方叫细薄的布帛作绫。

二、从《说文》糸部看中国古代的丝绸加工工艺

在《说文》糸部，反映丝绸工艺的字有绣、绚、绘、绚、缛、繻等，反映古人丝织加工工艺的高超及多样化。

1. 纹样、设色丰富

缕，《说文》：“白(帛)文皃。《诗》曰：缕兮斐兮，成是贝锦”。引用《诗经·小雅·巷伯》的诗句，意思是花纹错杂，色彩相间，织成有贝壳花纹的丝织品。

绚，《说文》：“《诗》云：素以为绚兮”，引用《诗经》的话，就是在洁白的底子上画着文彩。

缛，《说文》：“繁采色也”，指繁密的五彩的文饰。

繻，《说文》：“缯采色”，是说丝织品呈五彩色。

古代中国丝绸纹样达到了高度的艺术水平，纹样主要通过织花、印花、绣花、手绘等方式在织物上表现出来。殷墟出土的青铜戈表面黏附的丝织物残痕，呈现回纹形织纹，商代玉刀柄包裹着有雷(云)纹的提花丝织物，河南侯家庄殷墓中发现的白石上人像的衣服纹饰，从殷商到战国，丝绸纹样大多是由直线和折线组成的菱形、回纹形，以及它们的变体形。先秦丝绸纹样的风格是造型质朴、大方、富于变化，这些纹样与同代陶器、金属器、漆器等纹饰互相影响，并与当时织造技术水平相适应。

同样，在东周的彩绘漆器与丝织品上，可以见到丰富的间色与复色。这些丰富的色彩常以黑、白或金、银色为主调，求得色彩总体效果的统一。《考工记》中提出的“凡画绘之事后素功”，在《论语·八佾》中，则称“绘事后素”。其具体涵义，据朱熹的解释为“后素，后于素也”，即是说先以素为质地，然后施以五彩。

上述我国早期工艺著作《考工记》里，也反映了战国时期染色工艺的重大成果，这一点将在下一部分展开。

2. 手绘、刺绣精致

绘，《说文》：“会五采绣也”。《虞书》曰：“山龙华虫作绘”。《论语》曰：“绘事后素”。

绣，《说文》：“五采备也”，即设色五彩俱备。

[纟米]，《说文》：“绣文如聚细米也”，说的是绣画的纹彩像聚集的细米。

丝绸手绘与刺绣，与“十二章纹”的起源有关。“十二章纹”就是只有圣王才有资格在服装上装饰的 12 种纹样，即日、月、星辰、山、龙、华虫，宗彝、藻、火、粉米、黼、黻，后来演变为皇帝龙袍上的专用纹样。十二章中，前六章是用手绘（作绘），后六章是用刺绣（绣）的方法，将纹样以五采彰施于服装之上。刺绣在周代已具有相当水平，当时称“黹”。周王冕服有“希衣”，是刺绣的服饰。刺绣是画缋的姊妹艺术，最初的刺绣又和美丽的丝织锦缎并列，统称为“锦绣”。春秋时代墨子说：“女工作文采，田工作刻镂”，“文采”就是指绘画和刺绣。《诗经》《唐风》《秦风》《豳风》中所载：“素衣朱绣”“衣绣裳”“究衣绣裳”等等，既述说了当时贵族们穿着华丽的绣花衣裳，也道出了当时刺绣工艺普遍发展的概貌。

图 2 拈丝图（《女孝经图》画卷）

图 3 飘逸的衣饰（南宋·马和之《唐风图》）

另外在《史记》上还载有："楚庄王有爱马，衣以文绣，置之华屋之下"，是当时染织刺绣品在上层社会中已经较为流行的另一旁证。

"罗衣何飘飘，轻裾随风还。"丝绸最早出现在中国，并得到不断发展，培育了以"礼"为魂，以"锦"为材，以"绣"为工的中华服饰气质。因丝绸独特的质感，贯通畅达的美感，以及中国传统服饰宽松舒适的形制，打造了风神飘逸的东方服装神韵。正所谓"举手间行云流水，行动处长风盈袖。"

图 4　清·萧晨《洛神图》(故宫博物院藏品)

图 5　东晋·顾恺之《洛神赋图》局部

锦上添花:描绘美轮美奂的中国服饰

“锦上添花”语出黄庭坚《了了庵颂》:“方广庵名了了,了了更著庵庶。又要涪翁作颂,且图锦上添花。若问只今了未,更须侍者煎茶。”

锦是有彩色花纹的丝织品。“锦上添花”为在锦上再绣花,后比喻好上加好,美上添美。

锦已有3000多年的历史,我国早在春秋以前就已经生产锦类织物,《诗经》:“锦衣狐裘”“锦衾烂兮”。

据《释名·释采帛》解析,锦的价格贵重如金,故“锦”字从“帛”从“金”。《范子计然》记载齐国锦绣,“上价匹二万(钱),中万,下五千”。一般绢帛“匹值七百钱”,价格相差达15倍。《诗经·郑风·丰》:“裳锦絅(jiǒng)裳,衣锦絅衣”。就是说锦的价格高,穿锦裳锦衣时,外面罩着麻裳和麻衣以保护之。

“锦”字的含意还可理解为“金帛”,意为“像金银一样华丽高贵的织物”,锦的生产工艺要求高,织造难度大,所以它是古代最贵重的织物。“锦,金也,作之用功重,其价如金”。锦是华贵的代名词,一般丝绸幅宽一尺八寸,四丈为一匹,而锦的规格通常会更短而宽,单位也往往为“张”“段”,而不是“匹”,古人把锦看成和黄金等价的物品。事实上古代和现代确有用金银箔丝装饰织造的锦缎,只是现代的金银丝并非由真正的黄金和白银制成,而分别是铜粉和铝粉制作的闪光丝而已,因此锦的外观瑰丽多彩,花纹精致高雅,花型立体生动。

温庭筠《织锦词》:“簇簌金梭万缕红,鸳鸯艳锦初成匹。锦中百结皆同心,蕊乱云盘相间深”描绘了唐代的织锦状况。唐朝文学家陆龟蒙在他所写《纪锦裙》一文中,叙述了他所见到的一条锦裙,锦裙上面织着二十只势如飞起的鹤,每只都是折着一条腿,口中衔着花枝,鹤的后面,还有一只耸肩舒毛的鹦鹉,鹤和鹦鹉的大小不一,中间间隔着五光十色的花卉。

锦的品种有蜀锦、荆锦(产地)、宋锦(朝代)、云锦(花型)之分。其中云锦是中国最华丽高贵的锦缎,集历代织锦工艺艺术之大成,因美如天上的云霞而得“云锦”之名,列中国古代三大名锦之首,元、明、清三朝均为皇家御用供品,并以锦绣帛作为赏赐功臣及礼邦的高级礼品。云锦的生产主要采用传统花缕织机手工织造，机长 5.6 米，宽 1.4 米，高 4 米，由两人配合操作，一人提拽纹样花本，一人盘梭妆彩织造，一天产量只有几公分。在织造过程中大量使用金钱、银线，并配以五彩丝绒线等稀有名贵锦线交织而成使之富丽堂皇、光彩夺目，有“寸锦寸金”的美喻，被誉为“东方瑰宝”，是中华民族乃至全世界最珍贵的历史文化遗产之一。

因为锦的贵重，所以多用来形容美好的事物，如成语“锦绣前程”形容前途十分美好，“锦心锈口”形容文思优美辞藻华丽，“锦天绣地”形容房屋或其他环境布置得十分美观华丽，等等。

中国的刺绣艺术历史悠久，早在远古时代，就伴随着玉器、陶器和织物而诞生。刺绣在中国服装史占有重要的地位。据《尚书》记载，4000 多年前的“章服制度”就规定了服装“衣画而裳绣”的装饰。可见中国在四五千年前，刺绣品已经广为流行了。《诗经·秦风·终南》：“君子至止，锦衣狐裘，颜如渥丹，其君也哉！”“君子至止，黻(fú)衣绣裳，佩玉将上，寿考不忘”。“渥”，湿润；“丹”是一种红色石，可以染红，湿润之后颜色更艳；“黻”，当时称黑与青相间的花纹；“绣”，用彩色丝、绒、棉线在绸、布等上面做成花纹图案、文字。这两句意思是：秦君到达这里，身着花纹丝织和狐裘，红彤彤的颜色焕发润泽，鲜艳夺目。秦君到达这里，身着多色花纹的上衣和刺绣美观的裤子，玉佩锵锵作响，诚谦地祝老人健康长寿。

1958 年，在我国长沙楚墓中出土了龙凤图案的刺绣品，这是二千多年前中国古代战国时期的刺绣品，是现在已经发现的我国最早的刺绣实物之一，唐代和宋代的刺绣工艺都有很大发展。白居易《秦中吟》一诗中写道：“红楼富家女，金镂刺罗襦”。苏鹗《杜阳杂编》载：同昌公主出嫁时，有神绣被，上绣鸳鸯三千，并间以奇花异草。相传唐玄宗时，宫廷中为杨贵妃一人织造奇锦、刺绣衣裙的工人多达 700 余人。杜甫诗中也有“苏晋长斋绣佛前”。

图 1 隋联珠狩猎纹锦（传世实物，原件现在日本奈良法隆寺）

如今，我国的刺绣工艺几乎遍于全国，苏州的苏绣、湖南的湘绣、四川的蜀绣、广东的粤绣（广绣）各具特色，被誉为中国的四大名绣，各类民间刺绣也别具特色。

历代文学，从古乐府《孔雀东南飞》“妾有绣腰襦，葳蕤自生光”，南朝宋沈约诗句“领上蒲桃绣，腰中合欢绮”，直到李白“翡翠黄金缕，绣成歌舞衣”，等等，不乏见此类描写，尤其是宋词描写市井生活，但凡写闺情更是细致描摹，不胜枚举。未出阁女儿做女红是正事，往往注入真情，是“等闲妨了绣工夫，笑问鸳鸯两字怎生书”的情调。富家女既工且享有绣品，衣裙帽鞋衫，枕衾帐帏屏均作绣工，甚至用金线绣出活灵活现的奇花异草、珍禽灵兽等，其技十分绝妙。梁人张率所写《绣赋》，叙述了刺绣的优秀传统和高超的技艺，从一个侧面，艺术地记录了当时刺绣的高度成就和影响。

锦和绣是丝绸最为华丽的两种装饰技法和效果，“锦上添花”记录了中国服饰的纷繁美丽。

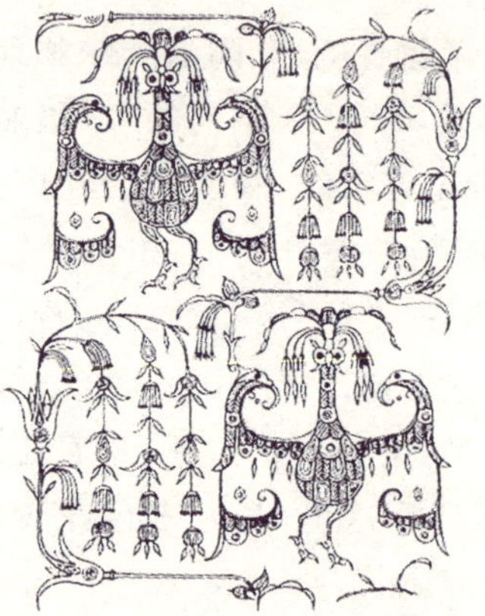

图 2 凤鸟花卉纹绣纹样

图 3 清代彩绣坎肩

染丝之变:记录古代丝绸染色业的发展

“染丝之变”出自《墨子·所染》“见染丝者而叹曰:‘染于苍则苍,染于黄则黄。所入者变,其色亦变’”。

墨子(约公元前470年—公元前382年),姓墨,名翟,鲁国人。他的孩童时代应该是在孔子老死之时。墨子生活在春秋战国之交,他是我国历史上第一个出身于小生产阶级、代表下层劳动者愿望和要求的思想家。他提出了一系列具有鲜明阶级立场的思想学说。他所创立的墨家学派,具有广泛的影响力和号召力,成为先秦时代唯一能与孔子创立的儒家学派相抗衡的“世之显学”。墨子见到染丝时感叹道:“在青色中染就是青色,在黄色中染就是黄色。放入不同颜色的染缸,染出的颜色也就不同”。他认为:“读书人也有感染的问题。他的朋友如果是正人君子,遵纪守法,他的家道就会日益兴旺,身体日益健康。如果他的朋友心术不正,结党营私,他的家道就会日益衰败,甚至搭上性命。有句诗文说:‘一定要选择好染料啊!’这是说一定要选择良师益友来辅佐自己啊!”

后以“染丝之变”比喻本来相同的人或事物因受环境影响而变得不同。

墨子就染丝这件事比喻教育的影响,譬喻环境对人的影响,同时也反映了古代丝绸染色技术的快速发展情况。

图1 墨子

古代丝绸染色技术历史悠久,到商周时代已经有了很大的提高。那时已掌握了使用矿物、植物、动物染料涂绘和染色的方法。据《周礼》记载,周代设置了负责染色的专门机构和掌管染色的官职,染色工艺体系也开始形成。用于丝织品染色的染料品种不断增多,其中植物当中,蓝草用来染蓝色,茜草用来染红色,紫草用来染紫色等。在工艺上,当时人们已掌握了用媒染剂进行浸染和套染的技术,将不同的染料混合染出赤、黄、青、黑、白等五色及其他的色彩。《考工记》记述了用茜草以明矾为媒染剂多次浸染的“染色之变”:“三入为纁(xūn,浅红色),五入为緅(zōu,黑中带红的颜色),七入为缁。以再染黑为緅、緅是雀头色。又再染乃成缁矣，知缁本出緅。爵头紫赤色也”。表达了从第一次开始到最后多次染色所出现的由浅至深红、到最后的黑色，这样一个染色效果。说明当时的染色工艺已经积累了相当丰富的经验。《荀子》的《劝学》《王制》《正论》等篇中，总结了织物染色经验，提出“青，取之于蓝而青于蓝”的科学论断，还比较了紫草（紫色）、空青（青色）、赭色（红色）、涅（黑色）等染料的优劣。《尚书・益稷》记载：“以五彩彰施于五色，作服”。《周礼・天官》：“染人染丝帛”，表明周代宫廷手工作坊中设有专职官吏“染人”“掌染草”管理染色生产。

《说文解字》中糸部，反映丝绸色彩的字就有缟、绿、缥、絑、绛、绾、缙、綪、缇、縓、紫、红、繱、绀、綥、缁、纁、绌、纔、綟、緅等30多个。

1. 红色系列

红，《说文解字》：“帛赤白色也”。段注：“按，此今人所谓粉红、桃红也”。《说文解字》糸部中红色系列的字还有絑、绯、绛、纁、绾、缙、绌、綪等。

絑(zhū)，《说文解字》：“纯赤也。《虞书》‘丹朱’如此”。即朱红色

绯，《说文解字》：“帛赤色也”。

绛，《说文解字》：“大赤也”，即大红色。

纁(xūn)，《说文解字》：“浅降也”，即浅红色。

绾，《说文解字》：“恶也，绛也”。段玉裁改为“恶降也”。注曰：“谓绛色之恶者也”。一种粗浅的绛色。

缙，《说文解字》：“帛赤（白）色也”，即粉红色。

綪(qiàn)，《说文解字》：“赤缯也。以茜染，故谓之綪”，即用茜草染成的青赤色。

绌，《说文解字》：“绌，绛也”，一种深红色。

缇，《说文解字》：“帛丹黄色”，一种橘红色。《广雅》：“缇，赤也”。

2. 绿色系列

绿，《说文解字》：“帛青黄色也”。青黄相间，当然不是正色。

缥，《说文解字》：“帛青白色也”。丝织物呈淡青色。吴均《与朱元思书》：“水皆缥碧，千丈见底。”

缃，《说文解字》：“帛浅黄色也”。

古时有“缃缥”的提法，就是浅黄色和淡青色的丝织物。《后汉书・舆服志下》：“贾人缃缥而已”，是说商人只能穿这两种颜色的衣服。

縓(quàn)，《说文解字》：“帛赤黄色。一染谓之縓，再染谓之赪，三染谓之纁”。

缃，《说文解字》：“帛浅黄色也”。

緅,《说文解字新附》:“帛青赤色”。

繱(cōng),《说文解字》:“帛青色”,丝织品呈浅青色。

綥(qí),《说文解字》:“帛苍艾色”,丝织品呈苍绿的像艾蒿一样的色彩。

3. 黑色系列

缁,《说文解字》:“帛黑色也”。

缲,《说文解字》:“帛如绀色。或曰:深缯”。丝织品呈现象绀一样的带红的黑色,另一义就是比绀更深的青黑色。

绀,《说文解字》:“帛深青扬赤色”。红青,微带红的黑色。《论语》中提到:“君子不以绀緅饰”。

纔(shān),《说文解字》:“帛雀头色也”。段注:“……《巾车》‘雀饰’注曰:‘雀,黑多赤少之色。’玉裁按:今目验雀头色赤而微黑”。

綟(lì),《说文解字》:“帛戾草染色也”。草染成的黎黑而黄的颜色。《急就篇注》:“綟,苍艾色。东海有草,其名曰,以染此色,因名綟云”。《东观汉纪》:“建武元年,复设诸侯王,金玺綟绶”。

凡此种种,充分地反应出中国人对色相敏感与细致的一面,以及古代丝绸染色技艺的完整。

图 2 中国古代印染织物

图 3 《天工开物》丹青卷插图

对颜色的敏感与重视除与丝绸染色业的迅速发展有关外,还与古代颜色观有着密切的联系。古代颜色观其主要内容为“五色说”。五色指古人认为的与“五行”“五方”相关的五种“正色”,即黄、赤、青、白、黑,还有所谓的“间色”。以正色为尊,间色为卑,并规定:“衣正色,裳间色”。《诗经》:“绿兮衣兮,绿衣黄裳”。由于正色可能是在古代染色工艺早期得出的朴素颜色,所以《说文解字》系部字中就没有最早表示正色的字，糸部字中表颜色的多间色，而且色彩鲜艳、分类细腻，体现了古人颜色观的进一步发展。

另外，成语“青出于蓝”，反映了古代染蓝技术的情况。《荀子·劝学》中记载：“青，取之于蓝而胜于蓝；冰，水为之而寒于水”。靛蓝，是一种具有三千多年历史的还原染料。这里的“青”是指青色，“蓝”则指制取靛蓝的蓝草。在秦汉以前，靛蓝的应用已经相当普遍了。我国人民在长期实践中，已逐渐摸索出制取靛蓝的关键技术，从而打破了蓝草染色的季节限制。古人的造靛方法如下：先将刈蓝倒竖于坑中，加水过滤，将滤液置于瓮中，按比例加入石灰，再用木棍急剧击水，加快溶解于水中的靛甙与空中氧气的接触，使之氧化成为靛蓝，沉淀后，将水除去，等靛蓝的水分完全蒸发，则可将其盛到容器内，制成蓝靛。这种造靛和染色的技术，与现代合成靛蓝染色的机理是完全一致的。后用“青出于蓝”比喻学生胜过老师。

描鸾刺凤:描绘传统女红的最高境界

女红(gōng),是指女性纺织、编织、刺绣、缝纫的技艺,又称“女工”或“女功”。中国女红是讲究天时、地利、材美与巧手的一项艺术,而这项女红技巧从过去到现在都是由母女、婆媳世代传袭而来,因此又可称为“母亲的艺术”。“女红”是中国女性的传统标识。

古代女性从很小的时候,就要学习女红。司马光著《居家杂仪》写女子应当“六岁时习女红之小者,十岁后习女红之大者”。

我国三千多年的农业社会,不仅树立了以农为本的思想,同时也形成了男耕女织的传统,女子从小学习描花刺绣、纺纱织布、裁衣缝纫等女红活计,在江南一带尤为重视。特别是到了明清时期,社会对于女性的要求,夫家对于择妻的标准,都从“德,言,容,工”等四个方面来衡量,其中的“工”即为女红活计。比如在宁波旧俗婚礼中,是要考验女子的女红水平的,其中鞋子充当比较重要的角色,清代光绪年间,在宁波、鄞县一带,其婚姻民俗中,就有下定送履之习俗。再加上当时手工业高度发展,女红在这个时期才从普遍的意义上真正广泛地流行起来。

作为与人们日常生活密切相关的女红活计,在古代的艺术作品中亦有所反映。“昔孟母,择邻处,子不学,断机杼”是古代儿童的启蒙教材《三字经》里的句子。最脍炙人口的诗赋,莫过于唐朝诗人孟郊的《游子吟》:“慈母手中线,游子身上衣。临行密密缝,意恐迟迟归。谁言寸草心,报得三春晖。”这首千百年来被人们用来勉励自己知恩图报的绝妙好诗,同时也描述了慈母为儿子缝衣纳衫做女红的画面。同是唐代的另一位诗人秦韬玉的《贫女》诗,把一位擅长针黹的女红巧手贫家女的闺怨刻画得淋漓尽致,同时还抒发了诗人怀才不遇的情感:“蓬门未识绮罗香,拟托良媒益自伤。

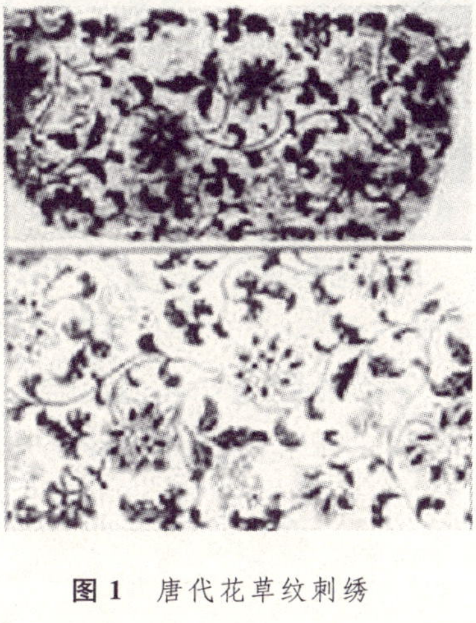

图1 唐代花草纹刺绣

谁爱风流高格调，共怜时世俭梳妆。敢将十指夸针巧，不把双眉斗画长。苦恨年年压金线，为他人作嫁衣裳。”

“女红”的最高境界莫过于刺绣。刺绣是在绸缎、麻葛、布帛等底布上，借助银针的穿引，将彩色的丝、绒、棉线等连成寓意不一的花纹、图案或文字，这不但要眼明手疾，还得针脚均匀、填色准确，几乎没有修补之余地，其精细非平常女人所能及也。中国的刺绣历史悠久，它集合了多少代绣女们的智慧，才形成了如今的四大名绣——湘绣、蜀绣、苏绣和粤绣。

让中国的刺绣艺术走上世界舞台的，是被清末著名学者俞樾喻为“针神”的女红艺术大师沈寿。作为姑苏女子，她七岁弄针，八岁学绣，十六七岁便成了有名的刺绣能手，其作品进献清廷为慈禧太后祝寿，慈禧极为满意，并任命其为清宫绣工科总教习，沈寿自创了“仿真绣”，在中国近代刺绣史上开拓了一代新风。而将“女红”艺术升华为理论的人，则是清朝末代状元、中国近代著名的实业家、教育家张謇。1914 年，张謇在江苏南通创办了女红传习所，沈寿应聘到南通，担任了所长兼教习，培养了许多苏绣人才。张謇为沈寿办学创造了许多有利条件，因为“惧其艺之不传”，张謇还亲自动手记录、整理了沈寿的刺绣艺术经验，写成了《雪宧绣谱》一书，成为我国第一部系统总结苏绣艺术经验的专门著作。

图 2 “针神”沈寿

有人说“女红”就是女人的别名，换言之，女人是美的化身，最美的无疑是会做女红的女人。在漫长的人类历史长河中，女红既是女人一生最大的快乐，同时也是女人一世最重的负担。要么具体到一家老小的穿衣戴帽，要么用它来换取日常生活所需的柴米油盐。其实，作为中国传统文化的一部分，作为女红文化的载体，女红自有它独特地魅力。毕竟它伴随人类文明也有几千年的历史了，而且与人们的日常生活密不可分，与各地的民族习俗紧密相连，与深厚的社会文化一脉相承。

“描鸾刺凤”出自明代陆采《明珠记 · 由房》：“作赋吟诗，人人尽说蔡文姬的再生；描鸾刺凤，个个皆称薛夜来的神针”，形容女子工于刺绣。

冬裘夏葛:描写绵长的葛布历史

“冬裘夏葛”出自《公羊传·桓公七年》:“士不及兹四者,则冬不裘,夏不葛”。《韩非子·五蠹》中也有说,当时的贵人“冬日豹裘,夏日葛衣”。“冬裘夏葛”就是指冬天穿皮毛做的衣服,夏天穿葛麻做的衣服。

皮毛做的衣服比其他材料做的衣服暖和而华贵,葛麻做的衣服比其他材料做的夏衣透气而凉爽,这类服装价值昂贵,有地位和身份的人才能穿得起,所以能够“冬裘夏葛”的多半是富贵之人。

葛是一种多年生的草本植物,开紫红色花,其纤维可织葛布。早在新石器时代,人类就开始用葛作纺织原料。在江苏吴县草鞋山遗址(稍晚于河姆渡时期)出土了当时编织的双股经线的罗地葛布,这种葛布的经线密度为每平方厘米10根,纬线密度为每平方厘米13～14根,它是目前中国所发现的最早的葛纺织品。

先秦时期,葛可以经过精细的加工,充分利用其茎皮的纤维制作织物。而且,宫廷中专门设有“掌葛”之官。《周礼·掌葛》记载:“掌葛掌以时征絺绤之材于山农。凡葛征,征草贡之材于泽农,以当邦赋之政令,以权度受之”。《周书》:“葛,小人得其叶以为羹,君子得其材以为絺绤,以为君子朝廷夏服”。“絺绤”即细葛布与粗葛布。

《诗经》中有许多描写葛的篇章:

“葛生蒙楚,蔹蔓于野。”(《唐风·葛生》)

“葛之覃兮,施于中谷,维叶萋萋。黄鸟于飞,集于灌木,其鸣喈喈。葛之覃兮,施于中谷,维叶莫莫。是刈是濩,为絺为绤,服之无斁。”(《周南·葛覃》)

“纠纠葛屦,可以履霜。掺掺女手,可以缝裳。”(《魏风·葛屦》)

“彼采葛兮,一日不见,如三月兮。”(《王风·采葛》)

葛纤维制成的织物叫葛布,葛布质地细薄、疏薄轻凉,适合在夏天穿用,俗称“夏布”。除作衣料,魏晋以来多用制巾。陶渊明一生爱酒,有一次,郡将(官职名)拜访陶潜,正赶上他酿的酒熟了,陶潜就取下(郡将)头上的葛巾滤酒,滤完后,又把葛巾让他戴上。这就是著名的“葛巾漉酒”,赞羡其真率超脱。典出《宋书·陶潜传》：陶渊明嗜酒，“郡将侯潜，值得酒熟，取头上葛巾漉（过滤）酒，毕，还复著之”。

图1　明·陈洪绶《陶渊明故事图》（局部）

长久以来，葛是与麻及蚕丝媲美的衣服织物。历代诗人多有歌咏。

李白有《黄葛篇》：

黄葛生洛溪，黄花自绵幂。青烟蔓长条，缭绕几百尺。
闺人费素手，采缉作絺绤。缝为绝国衣，远寄日南客。
苍梧大火落，暑服莫轻掷。此物虽过时，是妾手中迹。

大意是：

黄葛生长在洛溪边上，开的黄花绵绵密密，长长的青色枝条彷佛青烟一样蔓延出几百尺。闺中的女子用纤纤素手采摘、纺织，缝成衣服，寄到南方的夫婿手中。即使夏天已经过去了，也不要轻易把夏天的衣服丢掉，尽管这衣服已经过了穿着的季节，但也是我亲手做出来的，包含了我的心意。

汉语词汇中仍可寻觅那些远去的身影：葛衣、葛巾、葛纱、葛帔、葛屦。

葛之产地，一为吴越，一为岭南。自周以来，历代贡赋，尤以广东之葛为有名，其织葛者名细工，织成布弱如蝉翅，重仅数铢，明清以来有用丝纬葛经混织者。《书·禹贡》：“岛夷卉服”。孔传：“南海岛夷，草服葛越”。孔颖达疏：“葛越，南方布名，用葛为之”。清代屈大均《广东新语·货语·葛布》：“粤之葛，以增城女葛为止，然恒不鬻（yù）于市。彼中女子终岁乃成一匹，以衣其夫而已。其重三四两者，未字少女乃能织，已字则不能，故名女儿葛。所谓北有姑绒，南有女葛也。其葛产竹丝溪、百花林二处者良。采必以女，一女之力，日采只得数两。丝缕以针不以手，细入毫芒，视若无有。卷其一端，可以出入笔管。以银条纱衫之，霏微荡漾，有如蜩蝉之翼”。

缟纻之交：记录悠久的麻织文化

《左传·襄公二十九年》："（吴之公子札）聘于郑，见子产，如旧相识，与之缟带，子产献纻衣焉"。晋代杜预注："吴地贵缟，郑地贵纻，故各献己所贵，示损己而不为彼货利"。

缟纻是缟带和纻衣。缟带指用白色绢制成的大带，纻衣指用苎麻纤维织成的衣服。

苎麻被人类发现是在距今六千年前，但是确认以苎麻植物作为制作生活用品的原料，是1985年从四千七百年前的浙江钱山漾古遗址中出土的织物残片，经过分析，确认是苎麻原料的织造成品。而1975年从更早期的新石器时代遗址中出土的草绳，也再一次证实是苎麻织物。

历史上人工种植苎麻，在周代的《诗经》中有过记载，"苎麻如之何，衡以其亩"。意思是说种植苎麻，要以亩来计算。从周代起始，在官职人员中设置了专门掌管以苎麻制做衣服和靴履成品的"典枲（xǐ，花麻）官"，说明当时朝廷对于此种原料的重视程度，也说明在蚕丝以外，苎麻已被列入了服饰用料的行列。

秦汉时期，苎麻主要分布在长江流域和黄河流域，当时在豫州（现今河南）出产精细的苎麻布，而湖南、四川等地种植苎麻的历史也是十分悠久的。从马王堆一号汉墓（江陵凤凰山）发现的一批织品中，证实了汉代苎麻纤维织物的织造水平是很高的。东汉时期苎麻的种植和织造又向湖南、广西一些偏僻山区传播，后汉书中记载有，当时在哀牢山（现今云南保山）一带，少数民族曾用苎麻原料纺织细布（又名蓝干细布）的内容。

隋唐时期，在岭南地区（即现今广西一带），不但种植苎麻较为普遍，并且延续到南北朝时期，形成了较高的织造工艺水平。到宋朝宋真宗咸平年间，发展苎麻已成为举国之本，在广西地区有"劝渝部民广植苎麻"的奏章。宋代，虽然人们着衣制装的原料很大一部分成分已由棉布取代了丝织，但是由于苎麻所具有的吸湿放湿特性，赢得了广大民众的认可，所以江南一带一直保留着种植苎麻的习惯。不但以苎麻做为制衣的原料，还利用苎麻编织蚊帐和绳索等工具用品。随着社会的发展，生产技术的不断提高，古代人们不但熟练地掌握了种植苎麻和织造成品的技能，还逐步试验了漂白、印花和后整理（熨烫）等技术。漂白、染色从周代就已开始，《诗经》上曾有“麻衣如雪”的记载，说明身着奢华服饰的贵族朝服，已经使用过漂染技术。又从文献记载中得知漂白苎麻的方法是“昼暴诸日，夜宿诸井”，“昼”是指白日，“日”是指太阳，“宿”是指停歇之意。

图1　苎麻

“缟纻之交”指交情笃深。

蹈机握杼：记录纺织技术的发展

中国古代纺织技术的发展，可以分为原始手工纺织时期和手工机器纺织时期两个基本阶段。纺织机就是把线、丝、麻等原材料加工成丝线后织成布料的工具全称，经历了纺坠、纺车、锭子、踏板织布机、机械织布机、数控自动织布机等发展过程。

汉代徐幹《中论》："圣人蹈机握杼，织成天地之化，使万物顺焉，人伦正焉，六合之内各竟其愿，其为大宝，不亦宜乎？"

"蹈机握杼"这一成语正好讲到华夏民族引以为傲的伟大发明——踏板织机。踏板织机是带有脚踏提综开口装置纺织机的通称。

在织机的五大运动中，开口最为关键，织物的品种、质量往往取决于开口运动的发展水平。从江西贵溪岩墓中出土的织机零件和汉画像石可看出，大约在春秋战国时期，我国已在手提综开口（原始腰机即属此类织机）的基础上，发明了脚踏提综开口的踏板织机，因织机的经面与水平机座呈 50°～60°的倾角，故又称斜织机。它在我国汉代已普遍推广，在中原农村较富裕的家庭中，大都使用了这种结构基本定型的斜织机。

织机采用脚踏板提综开口是织机发展史上一项重大发明，它将织工的双手从提综动作解脱出来，以专门从事投梭和打纬，大大提高了生产率。以生产平纹织品为例，比原始织机提高了 20 至 60 倍，每人每小时可织布 0.3 至 1 米。

著名的中国科技史家、英国伦敦皇家学会会员李约瑟博士（Joseph Needham）在其著作《中国科学技术史》中说："中国人赋予织造工具一个极佳的名称：机。从此，机成了机智、巧妙、机动敏捷的同义词"。织机是最精巧的一项发明，因为丝织水平与织机的类型和构造有着极其密切的关系，先进的织机技术是丝织物品种、花样不断完善的基础。

先秦古籍《列子·汤问》中有一则"纪昌学射"的故事，说的是纪昌学习射箭时为提高自己眼睛注意力，曾卧在妻子的织机下，眼睛盯着不停转动的踏板，纪昌妻子所用的织机就是一种踏板织机。

踏板织机后来经由“丝绸之路”逐渐传输到中亚、西亚和欧洲各国。在这项技术上，西方落后于中国四百年，到了十三世纪，欧洲才开始广泛应用。

蹈机握杼，说的是脚踩布机，手握筘梭，比喻掌握着事物发展变化的枢键。而另一个成语“丝丝入扣”则表达了其中一个关键细节的重要性。扣，通筘，为织机上管理经线的机构。织绸时，每根经丝必须穿过筘齿，即入筘。经丝不入筘则纬线无法与之交叉，在几千根经丝中只要有一根经丝不入筘就会产生疵点。织布时每条经线都有条不紊地从筘中通过。“丝丝入扣”比喻一一合度，丝毫没有差错，也比喻合作十分细致、合拍。

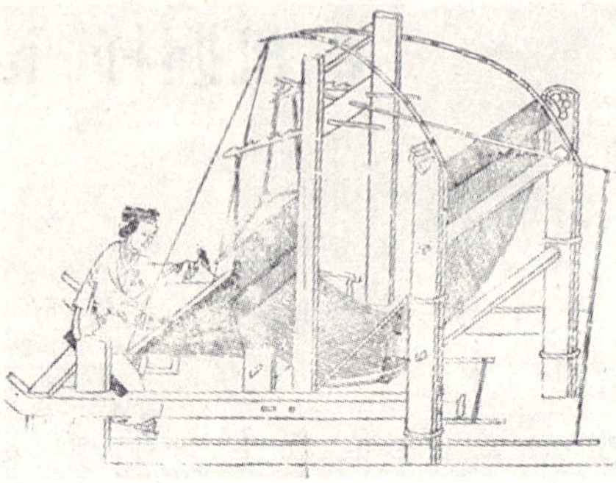

图 1 纺织技术的出现是社会发展的重要里程碑(明刻本《农书》二)

书生意气

羽扇纶巾:记录儒将的装束

纶巾是古代一种头巾,是幅巾的一种,以丝带编成,一般为青色。《说文》段注云:“纠青丝成绶,是为纶”。相传为三国时诸葛亮所创,又称“诸葛巾”。明代王圻《三才图会·衣服·诸葛巾》:“诸葛巾,此名纶巾,诸葛武侯尝服纶巾,执羽扇,指挥军事,正此巾也。因其人而名之”。

图1　纶巾

图2　戴纶巾的诸葛亮

当然,最早提出“羽扇纶巾”这个名词的人是宋代的苏东坡,他的《念奴娇·赤壁怀古》:“遥想公瑾当年,小乔初嫁了,雄姿英发。羽扇纶巾,谈笑间,樯橹灰飞烟灭。”当然这里的羽扇纶巾的形象指的是周瑜。

汉魏无“纶巾”之名,史称“葛巾”。晋人张华《博物志》卷九云:“汉中兴,士人皆冠葛巾”。魏武帝时,只有太学生才戴葛巾,这种情况延续至晋。

将“葛巾”与“羽扇”相连,则是诸葛亮。张华《博物志》卷七〇二“巾类”条引《蜀书》云:“诸葛武侯与宣王在渭滨,将战,宣王戎胡莅事,使人视武侯,乘素舆,葛巾毛扇,指挥三军,皆随其进止”。

葛巾,大概始于东晋谢安家族。晋时规定,太学生才戴葛巾。谢万、谢安这类儒将要戴葛巾,当然得改变用料为青丝,别称纶巾。历史上“羽扇纶巾”是魏晋时代人们的一种习惯装束,魏晋时代,上层人物多以风度潇洒、举止雍容为美,而“羽扇纶巾”的装束则能够显示出这样的“名士”派头,即使亲临战阵,也往往如此装束。如《晋书·谢万传》:谢万“着白纶巾,鹤裘”,以见简文帝。《羊祜传》:“祜在军尝轻裘缓带，身不披甲”，等等，均是这样的例证。

舞台上的诸葛亮，手中总离不开一柄羽扇，这是为何呢？原来，司马氏取代曹魏政权前后，政局混乱。世家大族为了明哲保身，逃避现实，整日谈说“玄理”。这些清谈人士，口锋犀利，无边无际。为给清谈助兴，他们手上常执着一些“谈具”，如麈尾、如意、羽扇等。诸葛亮未出茅庐时，也是一位“纵横舌上鼓风雷”的清谈之士。当了蜀军主帅后，仍喜欢手执羽扇指挥三军。裴启《语林》云：“诸葛武侯与宣王（司马懿）在渭滨将战，武侯乘素舆，葛巾，白羽扇，指挥三军”。当时羽扇盛行军中，《晋书·顾荣传》记载顾荣攻打陈敏时，也有“麾以羽扇，其众溃散”之句。

扇子在我国已有三四千年的历史。关于扇的起源，最早应是晋人崔豹在《古今注》中提到的“舜作五明扇”“殷高宗有雉尾扇”。这种长柄大扇，并非用来纳凉，而是由侍者手执，为帝王、王后障风蔽日所用，以后成为一种仪仗，所以又叫“仪仗扇”。在今天的古装戏中，经常可以看到太监或宫女，手执长竿羽扇，站在帝王后侧作遮护状的场面，这种扇子作为宫廷仪仗，十分富丽堂皇。在敦煌壁画中，可以见到使用这类“仪仗扇”的生动画面。

图 3　明末张风《诸葛亮像》

到了商代，“仪仗扇”在达官贵人中也颇为流行。他们所乘坐的华丽马车上，往往插上一柄这种伞形大扇，以显示自己的威风和富有。虽说那时的扇子，不直接用作扇风纳凉，但毕竟和后来的手摇扇有密切的渊源关系，所以可称作扇子的始祖。

到了西周时期，扇子开始有了扇风纳凉的作用。当时，用扇消暑远未普及。羽扇是用鸟的羽毛做的扇子。到春秋战国时，士大夫使用羽扇，还会遭人讪笑。至东汉末年羽扇盛行于江东，除了诸葛亮之外，当时，手里整天拿着扇子的名士也不少。

然而到了宋代，在苏东坡著名的《念奴娇·赤壁怀古》中，“雄姿英发”“羽扇纶巾”成了风流倜傥的儒将形象。

褒衣博带:文人追求的风范

“褒衣博带”出自《汉书·隽不疑传》:“褒衣博带,盛服至门上谒(yè)”。

各个时期文人的穿着不尽相同,但基本特征都是宽大飘逸。如春秋时期的文人是峨冠博带,峨冠是高耸的头冠,博带是宽大的带子。秦汉时期儒生的装束承袭了战国时期儒服的基本样式,高冠,方领,衣袖宽大。西汉时参加盐铁会议的文人均“褒衣博带”。魏晋时期的文人穿宽衣大袖。宋代文人戴高巾,穿宽博长袍。明代文人穿襕衫,清代文人穿长袍,即使到了近代,民国时期的文人仍然固守长衫。

图1 扎巾、穿袍衫的士人(宋倪田《松阴论道图》局部)

宽大的服饰之所以受文人喜爱,是因为它能够表明读书人的身份,说明其不需要参加繁重的体力劳动,是一个社会阶层的特征。

“褒衣博带”一直在历朝文人雅士中普遍流行,尤以魏晋最甚。魏晋时期是历史上经济、政治最为混乱的年代,但在精神上却是极自由解放、最热情的年代。文人意欲进贤又怯于官海沉浮,只得自我超脱,除沉迷于酒乐之外,便在服饰上寻找宣泄,以傲世为荣,强调返本归真,倡谈玄学之风,故而宽衣大袖,袒胸露臂。北齐颜之推在《颜氏家训·涉务》篇中说:“梁世士大夫,皆尚褒衣博带,大冠高履”。《宋书·周郎传》记:“凡一袖之大,足断为两,一裾之长,可分为二”。他们的服装都有一个共同的特点,即宽松肥大。上衣袖子的肘部做得特别宽,几乎可以拖到地面,衣料柔软轻薄,腰间系的长带。就是这样,名士们仍不够适意,有人便袒露肩部、胸部,披散衣襟。这种衣服与汉代那种紧密包裹身体的服装一比,真有天壤之别。学者们称之为“晋服”。

不管世风如何变化,读书人总喜欢效法古人,因此衣冠总是尽量遵循古制。如北宋司马光,曾考证古代深衣,做出来闲时穿,被文人传为美谈,当时却无人仿效。

到了南宋，士大夫们兴起一股穿“野服”之风，野服的本意是在野之服，也就是远古时平民所穿或贵族家居所穿，而南宋士大夫们身着野服，意在以野为伴，不理朝政，表示不愿与朝廷投降势力同流合污。为了崇古，当时流行的野服采用了黄色的下裳，取“黄裳”之意，因为这是《周礼》中明确规定了的“上士元裳，中士黄裳，下士杂裳”。

“襕衫”从唐代起被指定为为生员装束，《宋史・舆服志》记载“襕衫以白细布为之，圆领大袖，下施横襕为裳，腰间有襞积，进士、圆子生、州县生服之”。这是一种接一横襕的男长袍。而明代儒生所着襕衫是一种的斜领大袖袍，衣身宽松、两袖宽大、四周镶有大宽边，前系两带，膝下拼接一横幅，成为襕。可见，尽管两种襕衫略有不同，宋代是圆领而明代为斜领，但主要特征都是下摆拼接横襕，因为它取自古代深衣的制度，即为将上衣下裳先分而后合之。与其他官吏服饰一样，襕衫的穿着也有详细的制度。如“生员衫，用玉色布绢为之，宽袖皂缘，皂条软巾垂带”。到了清代，男子不论士庶都必须穿满人衣装，飘逸出尘的文士风范也到此为止了，但长衫承袭了襕衫的标识作用，直到新中国成立后，长衫仍是文化人的代表。

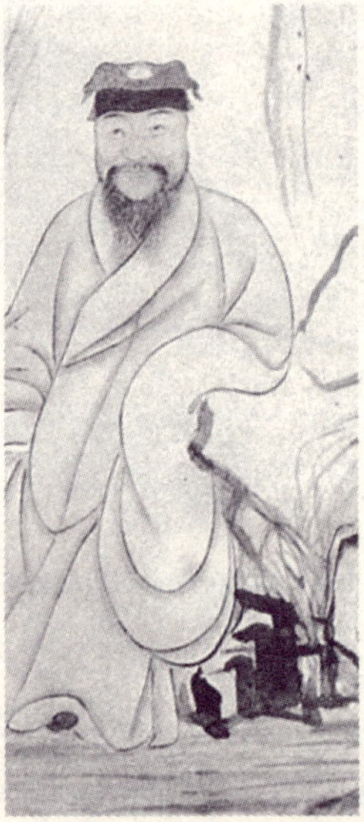

图2 戴儒巾、穿衫子的士人（明）

中国服饰五千年来的总体风格是以清淡平易为主。中国古代的袍服最能体现这一风格，也最能代表中国人的气质。这种袍服的主要特点是宽袍大袖，褒衣博带，形制虽然简单，但一穿到人身上便各人一样，神采殊异，可塑性很强。我们现在虽然不能见到这种服装千姿百态的原型，但我们还是可以从汉代的帛画和魏晋隋唐遗留下的一些人物画中窥其神貌之一二——形制简单的汉装大衣附着在不同体态的人物身上顿时具有了一种鲜活的生命力，线条柔美流畅，令人浮想联翩。朴素平易的装束反而给他们增添了一种天然的风韵。袍服充分体现了汉民族柔静平和、娴雅超脱、泰然自若的民族性格，以及平淡自然、含蓄委婉、典雅清新的审美情趣。

高冠博带:记录儒生的装束

“高冠博带”出自《墨子·公孟》:“昔者齐桓公,高冠博带,金剑木盾,以治其国”,戴着高大的帽子,系着宽阔的衣带。形容儒生的装束。

“冠”古代是头上装饰的总称,早期只是一种束发的发罩,既不能挡风也不能御寒。它的主要功能在礼仪上,《晏子春秋》云:“冠足以修敬”,就说明这一点。

作为衣冠上国,向来讲究衣冠不分家。冠巾对应着身份地位,二十弱冠后,士人冠而庶人巾。衣冠齐整才是完整的仪容,古人重之。

冠的名目式样繁多,在众多的冠中文人学子所戴的冠为“进贤冠”,也称“梁冠”。

进贤冠的形制可以在现藏于湖北省博物馆南北朝戴汉式进贤冠的《青釉对坐书写俑》中可以看到,图中两个对坐书写的文人所戴的冠饰就是进贤冠。

图 1 进贤冠(也称儒冠)

进贤冠,文吏、儒士所带的一种礼冠。由缁布冠演变而来。因文吏、儒士有向上引荐能人贤士之责,故名。以铁丝、细纱为之,冠上缀梁,以别等差。常见者有一梁、二梁及三梁数种,以三梁为贵。其冠前高后低,前柱倾斜,后柱垂直,戴时加于帻上。两汉时期较为常见。

进贤冠始于汉代,历经魏晋南北朝、唐、宋、明,是历代文人学子所喜爱的冠饰之一。冠饰历经五个朝代而不衰,足见它的生命力,它的形制在历代沿革的同时,随着历朝审美和政治的需要而有所改变。

汉代的进贤冠《后汉书·舆服志》这样描述进贤冠的形制:“进贤冠文儒者之服也。前高七寸,后高三寸,长八寸……”。

宋代进贤冠为朝服,“梁数”与前朝相比有所增加,等级的划分也有所不同,其形制亦有所变化,《宋史·舆服志》这样记载“进贤冠以漆布为之,上缕纸为额花,金涂银铜饰,后有纳言。以梁数为差,凡七等,以罗为缨结之……”。

进贤冠自元代以后叫“梁冠”。

高冠博带亦作“峨冠博带”，显示了古代士大夫的尊贵潇洒。

图 2 北京奥运会开幕式，峨冠高耸、古衣苍然的三千弟子手持《论语》竹简，进退肃然，跪叩无言

象简乌纱:朝廷命官的穿戴

“象简乌纱”出自明代冯惟敏《商调集贤宾·舍弟乞休》:“把象简乌纱收拾起,打扮出村翁的风致,拜谢当今圣主赐臣归”。

“简”是古代大臣朝见君主时所持的记事板,又叫朝笏。象简是象牙做的朝笏,即象笏,象牙制的手板;乌纱是黑纱制成的官帽。手执象牙笏,头戴乌纱帽,指旧时大官的装束。

笏板,又称手板、玉板或朝板,是古代臣下上殿面君时的工具。笏板最主要的用途,是古代大臣朝见天子时,用来记录天子的命令或旨意,也可用来书写向天子上奏的章疏内容,为备忘提示用。如《释名》:“笏,忽也,备忽忘也”。《礼记·玉藻》:“凡有指画于君前,用笏;造受命于君前,则书于笏”。据说,笏板还有另外的作用,就是挡住自己的脸,用以彰显龙威,上朝面见天子眼睛要望着笏板,表示对天子的敬意。

笏板的长度大约2尺6寸,中宽3寸。唐代武德四年以后,使用笏开始有了等级之分。五品官以上才能用象笏,六品以下用竹笏。清朝,不再使用笏。

有趣的是,古代官员原则上一人只用一只笏,但公务繁忙的官员则允许用几个,几个拿不下,就备一个袋子,这个袋子后称为“笏囊”,因为多了,则需一个随从背着一同上朝,唐代的张九龄为相时,因为年老体弱,就是从他开始使用随从背笏囊,没想到后来竟成时尚,官员纷纷仿效,以显示公务繁忙。而帮他背笏囊的随从,就有些像当代官员的秘书了。

图1 笏板示例

笏板在中国古代也是地位的象征。如《北史·李穆传》:“其一门执象笏者百余人”。是说,一家有百余人位居高位。另明归有光《项脊轩志》:“顷之,持一象笏至,曰:‘此吾祖太常公宣德间执此以朝,他日汝当用之’。”归有光的祖母拿先人的象笏勉励他勤奋读书,希望归有光将来也能执笏在朝为官。

"乌纱"是一种黑纱制成的官帽。它始自东晋，那时乌纱并非官员所特有，而是不分贵贱，臣民皆可戴。到了唐代，才定为官服，当时乌纱是官员们上朝和宴请宾客时所戴，平时在家不必戴。最早的纱帽，并非全是黑色。晋朝时的高筒纱帽，贵族们用白纱制作，品级低下的官员才用黑纱。到宋朝时加上了"双翅"，到了明朝，朝廷官员才全部戴乌纱帽。乌纱帽才正式成为做官为宦的代名词。今天舞台上的传统戏，尤其是京剧，我们见到的是明朝官员们的乌纱帽的样子。

乌纱帽，起初用藤编织，以草巾子为里，纱为表，而涂上漆。后来官服用乌纱帽，由于纱经油漆后坚固而又轻便，于是去掉藤里不用。又在纱帽上"平施两脚，以铁为之"。也就是帽子两侧伸出两支硬翅。这两"脚"从宋朝开始，逐渐加长。宋太祖赵匡胤登基后，为防止议事时朝臣交头接耳，就下诏书改变乌纱帽的样式，在乌纱帽的两边各加一个翅，这样只要脑袋一动，软翅就忽悠忽悠颤动，皇上居高临下，看得清清楚楚，并在乌纱帽上装饰不同的花纹，以区别官位的高低。由于翅有一尺多长，所以走起路来便会上下颤动。为了保护帽翅以免碰掉帽子，官员们都养成了小心翼翼走路的习惯。

图 2 穿公服的官吏(明人《江舜夫像》)

关于宋朝官员戴长翅帽，古代文人笔记中还记载了一个有趣的段子：一日，宰相寇准微服出行视察民情。他着青衣，戴小帽，打扮成书生模样，在京都东京(今河南开封市)私访。当他和一个老头子谈话时，老头子对寇准卑躬屈膝，跪拜迎送，表现出异乎寻常的谦恭。寇准感到奇怪，故意发问："老先生，鄙人乃一介书生，请你随便些吧。"老头子笑着说："相公莫非隐瞒自己身份？你可是朝廷命官啊！"寇准一听更加疑惑，"我和你老素不相识，怎么说我是朝廷命官呢？"老头子说："相公，刚才你通过狭巷时侧身左顾右盼，生怕有东西碰着你的帽子。你要不是常戴长翅帽，哪会有这样的习惯动作？"

图 3 宋太祖赵匡胤

到了清朝，乌纱帽虽被顶子花翎所取代，但在我们日常语境里，"乌纱帽"和做官紧密联系在一起，当官了叫做"戴了乌纱帽"，革职的叫做"摘掉乌纱帽"。

脱白挂绿:反映古代文人的生活理想

在中国古代,不同官职穿的衣服在颜色上有区别,这是一种制度。这种不同官职、服色不同的情况,在唐以前就有所反映,而真正形成一种制度是在唐代。《通鉴》在上元元年(公元 674 年),记载了唐高宗在这年的八月二十一日的一道敕令,规定:文武官员三品以上衣服是紫色,可佩有金玉佩饰的腰带;四品衣服是深绯(红)色,可佩金饰的腰带;五品衣服是浅绯(红),也可佩有金饰的腰带;六品衣服为深绿色,七品为浅绿色,六、七品可佩有银饰的腰带,八品衣服是深青(黑),九品的衣服为浅青色,八、九品可佩有石饰的腰带。其余工商杂户,不许穿黄色的衣服(因为皇帝的服色为黄和赤)。

图 1 宋代公服:展脚幞头、大袖襕衫及玉带

既然是皇帝专门下诏书,足以说明已经把这种以不同的服色来标志官员不同品级制度化,既然是制度化,官员和老百姓,就不能乱穿不同颜色的衣服。

古代把这种不同品级有不同服色,称之为“品色衣”。也就是说,只要看到一个官员所穿衣的服色,便可以判断出他是几品官员。

文人在发迹之前所穿的服色多为“白色”。所以说,“脱白挂绿”既是文人的生活理想,也是文人发迹改变命运的真实写照。其中“白”,即“白襕”,或“白衫”“白衣”等,都是文人还未发迹时的常服。《宋史·舆服志》载:“襕衫,以白细布为之,圆领大袖,下施横襕为裳,腰间有襞积,进士及国子监生,州县生员服之”。

相关成语记录了这个现象:

如“一品白衫”,语出五代王定保《唐·摭(zhí)言·卷一·散序进士》:“缙绅虽位极人臣,不由进士者,终不为美,以至岁贡常不减八九百人,其推重谓之‘白衣公卿’,又曰‘一品白衫’”。

白色因为没有别的杂色,空无所有,所以古代把没有功名、没有官位的人称“白身”“白丁”。无功名者习惯穿白色的衣服,当然这种衣服不像孝服是用白色麻布制成的，而是用白色的棉布或丝织品制成的。唐代读书人尚未在科举考试中获得功名的穿白衣。科举考试中了，但未授官职者称“白衣公卿”，退休的官僚因失去了功名但仍有权势，称“白衣宰相”。

又如“白衣秀士”即指未获得功名的书生。元代罗贯中《风云会》三折：“寡人扮作白衣秀士，私行径投丞相府里，商量下江南收川广之策”。

图2 明·郭诩《琵琶行图》（故宫博物院藏品）

唐代诗人白居易在《琵琶行》的最后有两句说：“坐中泣下谁最多，江州司马青衫湿”。这是白居易在听了琵琶女的诉说后，感到这个年老色衰“老大嫁作商人妇”的琵琶女，曾经在京城“一曲红绡不知数”而今到了“门前冷落车马稀”的境遇，与自己曾经在京城为官为宦，如今被贬到江州做了一个小吏有十分相似之处，所以他才发出了“同是天涯沦落人，相见何必曾相识”的慨叹。所以，当他听完琵琶女弹奏的琵琶之后，被深深地打动，在座的人中流泪最多的便是他自己。但他说“江州司马青衫湿”，其中标出“青衫”二字，是因为他当时所作的江州司马，在蛮荒之地，官仅为九品，官卑职微，所以只能身着“青衫”。

角巾私第:传达"东坡式"的精神寄托

"角巾私第"出自《晋书·王浚传》:"卿旋旆之日,角巾私第,不言平吴之事"。解释为脱掉官服,戴上头巾,居住在私宅。指闲居不仕。

其中"角巾"或称"乌角巾",为古时隐士常戴的一种有棱角的头巾,因为北宋大文学家、词人苏东坡常戴此巾,《东坡居士集》有"父老争看乌角巾"句,因而又称"东坡巾"。苏轼64岁时在儋州写的《纵笔三首》之二云:"父老争看乌角巾,应缘曾现宰官身。溪边古路三叉大,独立斜阳数过人"。并有人作画为证。如宋代著名画家李公麟的传世名画《西园雅集图》,元人赵孟頫绘的《苏轼像册》的苏轼像所戴的巾子,都是这样的巾式。

图1 西园雅集图(局部),《西园雅集图》是宋代著名画家李公麟的传世名画,是李公麟以他首创的白描手法,用写实的方式,描绘他与苏东坡、黄庭坚、米芾、蔡襄、秦观等当时16位社会名流,在驸马都尉王诜府邸做客聚会的情景。画里苏东坡戴着东坡巾提笔写字(上海博物馆藏品)

角巾形制为四棱方正形,棱角十分突出,内外四墙,内墙又较外墙高出许多。《古今图书集成·礼仪典》引明代王圻《三才图会》:"东坡巾有四墙,墙外有重墙,比内墙少杀,前后左右各以角相向,著之则有角介在两眉间,以老坡所服,故名"。就目前的文献和考古材料而论,还没有准确叙述东坡巾尺寸的记录,所见形象均为传世画像。从服饰文化的特定含义、外观、内蕴的总体看,既有一种端直、持重之感,还给人留下高雅、方正、庄敬的印象。

宋代治学求解之风日盛,儒生装束备受青睐。因着儒生常用服饰而为他人崇敬,使儒生情调的打扮流行开来,东坡巾便是其中一例。其文雅倜傥的外观和文人居士的风采，使此巾的爱戴者甚众，其鲜明的象征意义一直被推崇至明代。所以东坡巾自被苏轼喜戴传开以来，多为士绅文人所戴。

这种帽身高耸、端直的巾子形式，之所以为广大文人雅士所接受，除了有名人的作用、效应外，亦与当时的理学儒道伦理风尚，士人的文化 心理、审美情趣，有直接的联系。

首先，宋代统治者推行的儒道理学，对社会各阶层的生活、行为、习尚，起着重要的制约、规范作用。服饰，作为物质、精神文明兼具的双重性格产品，所受影响更为直接与深刻。东坡巾的出现、流行，既是社会风尚的产物，也是特定时代风尚的重要组成部分。它的出现、流行、定式，成为后世的固定装束，经历了一个较长过程。它能反映出几个社会阶层的文化心理演变过程，多数朝廷官僚士绅，在官宦仕途之外，需要找到另一种(介于礼雅之间和介于官民之间的)精神寄托。而相当一部分怀才不遇、失意颇深的儒生文士，为显示自身的脱俗、自傲、高雅，需要一种特定的服饰。对于力图跻身仕途官场的青年儒生，更需一种能表明心志、预示前程的冠式，以满足自身和社会的渴求。东坡巾恰好以特定的冠服(首服〉品格、美韵，满足与实现了上述几类的不同需求。

其次，东坡巾之所以被社会广泛接受，另一重要原因则是它的美韵。这种美不仅仅表现在巾子的外在形式上，更重要的是它蕴含着多种服饰文化美韵和情调，并且能激起人们的心理共鸣。正因如此，东坡巾自宋代出现以来，不仅成为当时文人雅士、引退官僚们的典型服饰之一，并且被后世绅士、官僚沿用照搬。特别是明代，有不少为朝在任之官，也常戴此巾，真可谓是文仕相通、世代相传了。

绿蓑青笠：古代文人归隐的象征

宋代杨朴写过一首《莎衣》诗云：

软绿柔蓝著胜衣，倚船吟钓正相宜。
蒹葭影里和烟卧，菡萏香中带雨披。
狂脱酒家春醉后，乱堆渔舍晚晴时。
直饶紫绶金章贵，未肯轻轻博换伊。

杨朴（生卒年不详）是宋代郑州人，为人恬淡闲静，不羡荣华富贵，一生为布衣。他的同学毕士安向宋太宗推荐了他，他即作《莎衣》一诗，辞官而归，《莎衣》是他的代表作。《瀛奎诗话》说："此诗对御所赋，天下传诵"。

诗的首联写渔人爱蓑衣。"软绿柔蓝著胜衣，倚船吟钓正相宜"，蓑衣虽然是用草和绳子编缀而成的，但是在渔人的眼里，它是色彩鲜明、质地轻柔的，诗人说蓑衣绿蓝相间，柔软胜过锦衣，穿着它靠在船边吟诗、钓鱼是最合适的。吟诗是诗人的事，钓鱼是渔人的事，既钓鱼又吟诗，就不是一般的渔翁，而是闲居江湖的高雅之士的行为了。诗人爱蓑衣，正是他喜爱浪迹江湖，不与污浊庸俗的官场往来的思想情感的流露。这两句为全诗定下了基调，表现了淡泊清高的情调。

颔联写渔人披蓑衣。在什么情境中披上蓑衣呢？"蒹葭影里和烟卧，菡萏香中带雨披"，在一片芦苇的影子里，在烟波渺茫的水面上，披着蓑衣，躺在渔船上，在如盖的荷叶中间、在清幽的荷香之中。披上蓑衣，穿过芦苇荡，看莲叶滴翠，闻菡萏飘香，想躺就躺，想坐就坐，在微风细雨中，多么富有诗情画意的境界。这显然是对自由自在的渔人生活的赞美。

颈联写渔人脱蓑衣。在什么时候脱下蓑衣呢？在两种情况下：一是在好客的酒家开怀畅饮、醉意朦胧之后，狂放自在，抛开了蓑衣；一是在晚霞满天，收棹拢岸之后，把蓑衣脱下来，随手堆放在渔舍里。这显然是对无拘无束、怡然自乐的渔人生活的讴歌。

中间两联一“披”一“脱”，显得多么自由自在又多么潇洒超脱。

尾联两句抒情言志。“直饶紫绶金章贵，未肯轻轻博换伊”，任凭你紫绶金章有多高贵，我是不会轻易把我的蓑衣换你的官场礼服的。也休想用这些俗物来换取我的蓑衣。诗人面对宋太宗而拒绝受官，正和他不愿将蓑衣换官服的思想行为是相一致的，由此可见其思想志趣，“蓑衣”也就有了象征意义。

不难看出，诗中提到的“紫绶金章”与“绿蓑青笠”是两种人生观的服装表征，是不同身份的象征。

隐居者需要他们的“身份象征”——蓑衣。蓑衣和渔父形影相随，成了隐逸者外包装的一个道具。选择了蓑衣，便意味着选择了清贫的人生，同时也是自由的人生。

依文献记载，早在周代便有了蓑衣，是最早的雨衣。《诗经·小雅·无羊》有“何蓑何笠”，意思是穿上蓑衣，戴上雨笠。多为农夫所用，历代诗文中有不少描写。唐代崔道融《田上》：“两足高田白，披蓑半夜耕。人牛力俱尽，东方殊未明。”许浑《村舍》：“自剪青莎织雨衣，南峰烟火是柴扉。”

而随着唐代张志和《渔父》词的传诵，那逍遥自在的“青箬笠，绿蓑衣”的渔父形象逐渐取代了农人形象，成为诗人自由之心的表征，是自适、脱俗象征。柳宗元《江雪》：“千山鸟飞绝，万径人踪灭。孤舟蓑笠翁，独钓寒江雪。”这其中的蓑笠翁形象更绝尘高古。苏轼《定风波》：“莫听穿林打叶声，何妨吟啸且徐行。竹杖芒鞋轻胜马，谁怕，一蓑烟雨任平生。料峭春风吹酒醒，山头斜照却相迎。回首向来萧瑟处，归去，也无风雨也无晴。”“一蓑烟雨任平生”更是表达了一种旷达坦荡的情致。

图1 宋·许道宁扇面画《松下曳杖》(台北故宫博物院藏品)
隐士朗目舒眉，在飘举的衣带、须髯中，显现著几分仙骨之气

随着文人雅士的歌吟，蓑衣的文化意义便显现出来，成为隐逸的象征，与钓舟相伴。当然，所谓“大隐隐于市，中隐隐于朝，小隐隐于野”，真的隐士应该是一种“心隐”，强调的是一种心灵的超脱与自由。而苏东坡以“出世”的情怀积极地做着“入世”的艰难事业，突出地体现了宋人“吏隐”的

特点。

同为宋人，苏轼的前辈杨朴则表达了特立独行的出世情怀，作品《莎衣》表达了不用蓑衣换取官场礼服的志趣。在他看来蓑衣是浪迹江湖不可缺少的饰物，无论吟诗、饮酒，都相宜，不管是"狂脱"，或是"乱堆"，都不失诗人身份。

仕隐问题自士阶层产生以来便一直是困扰士人身心的一大问题。真正放弃尘世功名的没有几个，真正到达自由心境的更是极个别，但对此的向往却从未停止过，对此的吟咏也是历代都有。

图2 明末清初陈洪绶人物作品

图3 唐·孙位《高逸图》(局部)

紫绶金章：古代文人出仕的追求

北宋诗人杨朴满腹诗文，一生布衣，不慕荣华富贵，朝廷要他去做官，他嫌弃官场混浊，便面对太宗皇帝赋《莎衣》一首，谢官还乡。

《莎衣》一诗，全诗八句，后两句是全诗的主旨，也是诗人锋芒的展露之处："直绕紫绶金章贵，未肯轻轻博换伊"。"莎衣"即蓑衣，是垂钓用的雨具，"紫绶"指官袍上的紫带，"金章"指玉印。大意是莫说紫绶金章多么的高贵，我还不肯轻易地把蓑衣换了它呢！诗人在此托物寄情，表达了自己不慕尘世的决心。

仕与隐是古代文人可选择的两种出路，是中国古代文人的两大生活状态，更准确地说，是其人生的两大追求及精神状态。

"紫绶金章"与"绿蓑青笠"是两种人生观的服装表征；隐居者选择了蓑衣，出仕者则"紫绶金章"。

紫绶金章的原意指功成名遂。《汉书》云："相国、丞相，皆秦官，金印紫绶"，故自秦汉以来，"紫绶金章"成了历代文人所追求的仕宦之境。"绶"是丝织的带子。开始时用来穿联玉器，战国始成为系印之带。汉代形成佩绶制度。《汉书・百官公卿表上》中有云：丞相、太尉、太傅、太师、太保以及前后左右将军、列侯均为紫绶，诸侯王绿绶，御史大夫及二千石以上官员均为青绶，六百石以上官员黑绶，二百石以上黄绶。光禄大夫、大夫、博士、御史、谒者和郎则没有绶带。《后汉书・皇后纪论》："六宫称号，惟皇后贵人，金印紫绶"。《史记・范睢蔡泽列传》："怀黄金之印，结紫绶于(腰)"。

图 1 佩绶官吏，山东沂南汉墓出土画像石(中国遗产网)

就绶本身而言，不同级别有不同的长度、颜色、绶穗数量。在长度和绶穗上，绶带越长，绶穗越多，地位越显尊贵。

绶带用于系印，所以通常"印绶"并称。"印"主要以质地来区别等级。秦和西汉的印级有三等:金印、银印、铜印。绶同官印一起由朝廷颁发。退职和死亡,应一同缴还。平时官员随身携带官印,装于腰间的鞶(pán)囊中,将绶带垂于外边,绶带一端打双结,一端垂于身后。

所以“绶印”既是政治权力的象征,又是社会地位的象征。到宋代绶带仍是区分官员等级的最明显体现。如《宋史·舆服志四》:“仍乞分官为七等,冠绶亦如之。”“天下乐晕锦绶,为第一等”“杂花晕锦绶,为第二等”“方胜宜男锦绶,为第三等”“翠毛锦绶,为第四等”“簇四雕锦绶,为第五等”“黄狮子锦绶,为第六等”“第七等,方胜练鹊锦绶”。所以“金印紫绶”用来代指高官显爵。

图 2 西汉“关中侯”龟纽金印(中国文物网)

图 3 武氏祠《无盐女钟离春》,齐宣王着通天冠,腰挂绶,袖为直袖,汉代样式。钟离春头戴汉代妇女常服的花钗大冠,齐宣王正向其授予王后之绶。战国时齐国有无盐女名钟离春,面貌奇丑,然见识卓绝,品德高洁,齐宣王为其折服,纳为王后。此图正示齐宣王向钟离春授以王后所用的玺绶

古代时尚

翠被豹舄：古代奢侈品代表

“翠被(pī)豹舄”出自《左传·昭公十二年》：“雨雪，王皮冠，秦复陶，翠被，豹舄，执鞭以出”。杜预注：“翠被，以翠羽饰被”，杨伯峻注：“被当读为帔。盖以翠毛为之”。翠被豹舄即以翡翠羽为背帔，以豹皮为履。指生活奢侈。

“翠被”之“被”应读为“帔”，《释名·释衣服》云：“帔，披也，披之肩背不迭下也。盖以翠毛为之，所以御雨雪，若今之大氅或浊时妇子所著之披风”。按上所述，则可知楚灵王冬日衣着的“翠被”应是以娇艳的羽毛装饰起来的披风。

“翠被”，后世也指织(或绣)有翡翠纹饰的被子。南朝梁简文帝《绍古歌》有：“网户珠缀曲琼钩，芳茵翠被香气流”的描绘，还有北宋陆游《夜游宫·宫词》词：“独夜寒侵翠被，奈幽梦、不成还起”。明代夏完淳《怨晓月赋》诗：“卷翠被而凝妆，掩莲帐而清酌”。

距今约1万年前的新石器时代，中国已有贯头衣、披单服等披风类服装。沈从文《中国服饰史》说贯头衣“大致用整幅织物拼合，不加裁剪而缝成，周身无袖，贯头而着，衣长及膝”。

图1　左-魏晋武士大袖披风
右-隋唐小袖披风

舄是上古的一种重底鞋，在许多种履当中是最为名贵的。《周礼·天官》注：“复下曰舄”。复下就是双层底，即在单层底的下面加一块木板作为重底，穿着它可以在泥地上行走而不怕沾湿。

舄大约出现在商周时期，《诗经》中有不少关于舄的记载，如《豳风·狼跋》：“公孙硕肤，赤舄几几”，《小雅·车攻》：“赤芾金舄，会同有绎”。这是和当时礼服制度相适应的。

楚国王公贵族冬季御寒穿的鞋子中，有一种名贵的称为“豹舄”的鞋子。豹舄，杜预注：“以豹皮为履”。

称得上奢侈品的还有“三千珠履”。

《史记·春申君列传》:“赵平原君使人于春申君,春申君舍之于上舍。赵使欲夸楚,谓玳瑁簪,刀剑室以珠玉饰之,请命春申君客。春申君客三千余人,其上客皆蹑(niè)珠履以见赵使,赵使大惭”。

意思是赵国平原君派使臣到春申君这里来访问,春申君把他们一行安排在上等客馆住下。赵国使臣想向楚国夸耀赵国的富有,特意用玳瑁簪子绾(wǎn)插冠髻,亮出用珠玉装饰的剑鞘,请求招来春申君的宾客会面,春申君的上等宾客都穿着宝珠做的鞋子来见赵国使臣,使赵国使臣自惭形秽。

珠履是缀着宝珠的鞋,十分名贵。李白《寄韦南陵冰》诗:“堂上三千珠履客,瓮中百斛(hú)金陵春”。《三国演义》第五十六回“曹操大宴铜雀台,孔明三气周公瑾:是日,曹操头戴嵌宝金冠,身穿绿锦罗袍,玉带珠履,凭高而坐。文武侍立台下”。

广袖高髻：展示古代服饰流行

汉时有童谣：

城中好高髻，四方高一尺。城中好大眉，四方眉半额。城中好广袖，四方用匹帛。

其意思是长安城里妇女流行梳高髻，从四周看有一尺高度；女人流行画眉，额前显得既光华明亮又平坦；流行宽大的袖衣，所使用的材料要许多。反映当时服饰风俗的流传，从城市到乡村，从首都到地方，从社会上层到社会下层，而且是上有好者，下必甚焉，愈传得广，比原样愈厉害。

所谓服饰的流行性，是指服饰的款式、花色和颜色以及风格在同一时代某一个时段的迅速传播，即所谓风行一时，而成为社会上人们服饰的主导潮流，从而形成特殊的服饰景观。

图 1 对襟广袖襦裙（唐乾封元年韦贵妃墓壁画）

图 2 高髻拱手女佣（后唐）头上梳高髻。穿对襟广袖过膝外衣，袒胸、双手拱于胸前广袖内，着如意头鞋（福建博物院藏品）

服装流行是一种社会文化现象，反映了一定历史条件和地域的环境条件下，社会人对服装审美需求的变化，并在时代精神的作用下使一种着装方式广泛扩散的社会风潮。

在中国服饰史上，许多政治家乃至皇帝都充当了流行服饰的发起人。政治家的发起，有“上行下效”的非凡影响力。

东汉中叶大将军梁冀，废立自专，权倾内外，妻孙寿受封为襄城君，服制同于长公主。这对夫妇作恶多端，而妆饰打扮异于常人，创造出新发型、新服装。《后汉书·梁冀传》说孙寿“作愁眉，啼妆，堕马髻，折腰步，龋齿笑，以为媚态”。这些装饰，据《后汉书·五行志》及李贤注的解释：愁眉，把眉毛画得细而曲长；啼妆，在眼下流泪的地方作些化妆；堕马髻，发髻不在头顶正中，而偏于一侧；折腰步，走起路来，轻轻摇摆，像是脚不能支持身体一样；笑也不那么咧嘴。孙寿的装束，所追求的是一种病态美，愁眉、啼妆、龋齿笑，都像犯病的表情，像啼哭过，折腰步大约走起路来像后世的小脚女人，这样装束和动作，给人造成一个娇弱可怜的女子形象，使人怜爱。大将军家的这种审美观为当时人所接受，于是从梁家流行到洛阳和全国。及至梁冀被诛，他家的那些妆饰式样也为人所不屑，消失了。

汉灵帝性好聚敛和挥霍，他别出心裁地玩乐，尤其是“好胡服、胡帐、胡床、胡坐、胡饭、胡箜篌、胡笛、胡舞”。皇帝喜用西北少数民族的服装、生活用具、饮食和乐器，又带动了臣下：“京师贵戚皆竞为之”(《后汉书》)。

《墨子》兼爱(中)篇讲了“晋文公好恶衣”的故事，“昔者晋文公好士之恶衣，故文公之臣皆牂羊之裘，韦以带剑，练帛之冠，入以见于君，出以践于朝。是其故何也，君说之，故臣为之也”。翻译成白话就是从前晋文公喜欢士人穿不好的衣服，所以文公的臣下都穿着母羊皮缝的裘，围着牛皮带来挂佩剑，头戴熟绢作的帽子，(这身打扮)进可以参见君上，出可以往来朝廷。这是什么缘故呢？因为君主喜欢这样，所以臣下就这样做。

唐宪宗元和年间，妇女的妆饰诡异怪诞。白居易有诗描写

时世妆，
时世妆，
时世妆，
出自城中传四方。
时世流行无远近，
腮不施朱面无粉。
乌膏注唇唇似泥，
双眉画作八字低。

妍媸黑白失本态，
妆成尽似含悲啼。
圆鬟无鬓堆髻样，
斜红不晕赭面状。
昔闻被发伊川中，
辛有见之知有戎。
元和妆梳君记取，
髻堆面赭非华风。

即脸上不施朱粉，眉毛画的象含悲而啼的“八”字形，嘴唇上涂的是一层乌黑的唇膏，头发全梳向上，束成两个圆髻而不插任何发饰，两腮则斜抹着赭色的颜料，而且没有由浓到淡的晕化开来，就是那么两片。这种妆面的形式，流行于唐代的长安妇女中，是由当时的西北少数民族传来。其特点是两腮不施红粉，只以黑色的膏涂在唇上，两眉画作“八字形”，头梳圆环椎髻，有悲啼之状。这种妆梳尤为当时的贵族妇女所喜尚。社会观念决定了流行的内容。这种妆容的流行大概是反映了那时的社会风气及民族心理以及唐末的颓废和哀怨。

服饰流行的内在原因是人们的从众心理和求异心理，前者是模仿趋同，后者是标新立异。这两者是服饰流行的重要条件和连续发展的源泉。服饰的流行性，导致了服饰文化的变异和发展，丰富了人类的社会生活。

图 3 晋武帝司马炎杨皇后

奇装异服:求异心理成就服饰的发展

“奇服”一词最早源自战国楚屈原《涉江》:“余幼好此奇服兮,年既老而不衰”。《涉江》这首诗,记叙了诗人南下溆浦的经过,表现了诗人至死坚持正义的伟大人格。开头五句写自己自幼好奇特而华美的服饰,直到年老也不松懈。这同《离骚》中“高余冠之岌(jí)岌兮,长余佩之陆离”是相同的,是用奇异的服饰、高洁的生活情趣来比喻自己善美的品德和远大而崇高的理想。

图 1 明·陈洪绶《屈子行吟图》

“奇服”在这里是指“奇伟的衣服”,与下文中的“带长铗、冠切云、被明月、佩宝璐”来表达作者与众不同的志向与品行,在此可以看成是个性的一种体现。

奇服也称“险衣”,它是一种有违常态、有悖礼制的“不正”之服,用今天的话来说,就是奇装异服。奇服的出现,是一种复杂的社会现象,它的发明者分属于社会的各个阶层,上有帝王后妃,下有黎民百姓。使用奇服者的心态也千奇百怪,各不相同,有的纯粹是出于好奇,有的是为了吸引异性的注意,有的是不甘受礼制的约束,有的则是受扭曲的审美观念所驱使。在中国的正史《二十四史》中,大多收有“五行志”,专门记述天灾人祸之类的事情,其中列有“服妖”一栏,就专门记载各个时期的奇装异服。

魏晋南北朝时期是奇装异服的盛行时期,政权的动荡,经济的萧条以及诸王的混战,都为奇装的流行创造了条件,正如《抱朴子·讥惑篇》所记:“丧乱以来,事物屡变,冠履衣服,袖裤财制,日月改易,无复一定,乍长乍短,一广一狭,忽高忽卑,或粗或细,所饰无常”。这个时期的奇装异服,在史籍中有不少记载。如魏武帝用缣帛做成白帢,以代替传统的冠帽。魏尚书何晏,平时喜欢穿妇人之服。

唐宋时期的奇服,常常以质料取胜。如唐中宗女安乐公主,使尚方汇集百鸟之羽，织成二裙，正面看时为一种颜色，侧面看时又是一种颜色，日光下是一种颜色，暗影中又是一种颜色，而百鸟之状全部显现。制这样一件裙子，不说材料，仅工费就要“巨万”。

奇装异服，在文人阶层，则有不一样的表现。自屈原始，后世好着奇装异服的文人历朝历代并不鲜见。元·徐显《稗史集传·王冕》载述：“（王冕）着高檐帽，被绿蓑衣，履长齿木屐，击木剑，行歌会稽市”。元代的画家、诗人王冕，小时候家穷，给人放牛，却跑到学舍偷听人读书。他一辈子没做过几天官，好着奇装异服的秉性一辈子也没有改变。《明史·王冕传》亦载，王冕“及入城，戴大帽如簁，穿曳地袍，翩翩行，两袂轩翥，哗笑溢市中”。别人笑，王冕也笑。据说王冕喜欢戴高帽子，就是受了屈原启发。

明代的著名的文学家、学者杨慎，四川新都人，字用修，别号升庵，自称“博南山人”“金马碧鸡老兵”，也是一个喜欢着奇装异服的人。杨慎出生于书香门第，是湖广提学佥事杨春之孙，吏部尚书、武英殿大学士杨廷和之子。自幼聪明好学，七岁习文，十一岁作诗，明正德六年（公元1511年）高中状元，是四川省明朝唯一的状元，是年年仅二十四岁。杨慎经常作女性发式，且涂粉插花，打扮“新潮”怪异，还让门生抬着。

图2　明·陈洪绶《庵簪花图》

至于文人为何要冒天下之大不韪着奇装异服，不外乎两个原因：一是标新立异；二是张扬个性。这些文人无一不是受过落第、贬官等刺激的，他们或放浪形骸，或因寄所托。

在中国人的眼里，“奇装异服”一直是代表着异端、叛逆。

其实，所谓的奇装异服，最重要的特征就是彰显个性，最必要的则是敢于反潮流而动，自穿自乐的一种勇气。

事实上，所有的时装都是由“奇装异服”演绎而来，过去那些让我们心动的衣服，必然为今天更加“奇异”的时装所替代，这是美的进化必然也是服装发展的必然。我们期待一个“奇装异服”大行其道的年代。

蝶粉蜂黄：反映佛教对服饰文化的影响

佛教产生于古代印度，在西汉末年传入中国。到魏晋南北朝之后，佛教成了中国的主要宗教。佛教对中国文化影响深远，如对器物造型及装饰的影响、对建筑的影响，与此同时，佛教也渗透到服饰文化中。

成语“蝶粉蜂黄”记录了“额黄”化妆习俗。“额黄”是指妇女在额上涂黄粉的妆式，是隋唐妇女化妆之一。在李商隐《酬崔八早梅有赠兼示之作》诗中有描绘：“何处拂胸资蝶粉，几时涂额藉蜂黄”。这就是此成语的出处。李商隐在《蝶三首》还写到：“寿阳公主嫁时妆，八字宫眉捧额黄”。牛峤《女冠子》也有：“额黄侵腻发，臂钏透红纱”的写法。

在额上涂黄粉风俗的产生，与佛教的盛行有一定关系。这种化妆方式起源于南北朝，当时全国大兴寺院，塑佛身、开石窟蔚然成风。妇女们从涂金的佛像上受到启发，也将自己的额头染成黄色，久之便形成了染额黄的风习。南朝梁简文帝萧纲《美女篇》云：“约黄能效月，裁金巧作星”，就是指额黄。到唐朝时额黄更加盛行。到宋代额黄还在流行，如宋彭汝励诗：“有女夭夭称细娘，珍珠落鬓面涂黄”。

图 1　额黄也称“佛妆”

据文献记载，妇女额部涂黄主要有两种方法，一种为染画，一种为粘贴。染画是用毛笔蘸黄色染画在额上。其具体染画方法又分两种：一种为平涂法（额部全涂），如唐裴虔余《咏篙水溅妓衣》诗描述：“满额鹅黄金缕衣”。一种为半涂法，在额部涂一半，或上或下，然后以清水过渡，由深而浅，呈晕染之状。北周庾信《舞媚娘》诗“眉心浓黛直点，额角轻黄细安”，南梁江洪《咏歌姬》诗“薄鬓约徽黄，轻细淡铅脸”，都是指这种涂法。

按照印度的习俗和宗教理念，在额头上点红、贴花，是智慧的象征、寓意吉祥。

佛教对服饰文化的影响还体现在发式、衣饰等几个方面，具体表现在：

1. 飞天髻

又叫“飞天紒”。是一种三环高髻，在南北朝时，由于受佛教的影响，妇女多在发顶正中分成髻鬟，做成上竖的环式，谓之“飞天髻”，先在宫中流行，后在民间普及。在发髻上再加饰步摇簪、花钿、钗镊子、或插以鲜花等。

图 2 梳环髻或丫髻的妇女（河南邓县出土南北朝彩色画像砖）

2. 披帛、袒露装和半臂装

随着佛教东传，南北朝时期佛教题材的壁画中，已经出现了身披披帛的女供养人。唐代开元以后，长长短短，宽宽窄窄的披帛开始出现在每一个追逐时世装的女性肩上。自信开放的大唐女性们奉行服饰上的华丽精巧。“坐时衣带萦纤草，行即裙裾扫落梅”，花花草草们也可以一亲芳泽。《旧唐书·舆服志》里这么说：“风俗奢靡，不依格令，绮罗锦绣，随所好尚。上自宫掖，下至匹庶，递相仿效，贵贱无别。”唐玄宗就曾颁下诏令：宫中二十七世妇和宝林、御女、良人在随侍和参加后宫宴会时，都须身披绣有图案的披帛。而宫女们在端午节时，也要披较为华丽的披帛，称为奉圣巾或续寿巾。

图 3 唐代身披披帛的供养人（敦煌壁画）

这与佛教崇尚人体有关，佛教在着装上没有什么特殊的禁忌，露体状随处可见。“佛教弟子视袒身露体为平常事情，和尚披袈裟，多露一肩一臂。”（张志春，《中国服饰文化》（第 1 卷），中国纺织出版社）

唐时流行的袒露装和半臂装更有突出的表现。

袒露装大致是由上身穿袒胸窄袖衫或袒胸大袖衫以及高束腰的裙子组成的。

袒胸衫与一般衫襦不同，为袒胸贯头式，且有很华美的纹饰。其袒胸处呈双桃形，恰与女子隆起的胸脯协调一致，充分地体现了女子的形体美。袒胸大袖衫的特点是袖口宽大、肥阔，并有很宽的绣花缘边。这种袒胸衫是盛唐时期颇为时髦的一种服装，除了供宫中乐舞伎和宫女着装外，也受到达官贵族妇女的喜爱。唐诗中多处说到妇人著袒胸衫子的形象。如李群玉《赠歌姬诗》："胸前瑞雪灯斜照"，方干《赠美人》："粉胸半掩凝晴雪"，等等。

袒露装还与唐代妇女穿裙子束腰极高有关。当时穿短衫襦、长裙是妇女们追求的时尚。一般的裙腰束到胸前，使胸部半袒露出来。所以，周濆《逢邻女》诗云："慢束罗裙半露胸"，在唐代绘画作品和墓葬中可以看到这种装束。此外，周昉《簪花仕女图》中的妇人，不着内衣，仅以透明纱衣蔽体，可谓罕见。这也是唐代袒露装的另一种形式。

"半臂"，其形制为短袖，多为合领、对襟，胸前结带儿，衫长至腰。这种半袖一般多穿在衫襦之外，为春夏或夏秋之际穿着的服装。半臂最早是宫女所穿的服装。李贺《唐儿歌》诗中有这样的诗句："竹马梢梢摇绿尾，银鸾闪光踏半臂"。

佛教文化影响和丰富了传统服饰的内涵。

鞋弓袜小：反映服饰审美的异化

弓鞋，古代缠足妇女所穿的鞋子。妇女因缠足脚呈弓形，故其鞋有此名。

妇人缠足一说起于南朝，一说起于五代。袁杰英《中国历代服饰史》认为：根据史料记载，我国的女子缠足，起始于五代时期的南唐。这是一种对四、五岁年龄幼女施行的"强行术"。在幼女未成年之前，由于骨骼柔弱，用较长的布帛包紧缠裹被折断的第二、第三、第四和第五共四个脚趾，留下一个大拇指作为缠裹后的足尖，四指折于足下，足形呈三角形状。用布帛缠裹意为不变形，经数日定形后，再套上素襪和"小脚鞋"。

历代诗文都有描写。宋代黄庭坚《满庭芳》词："直待朱幡（fān）去后，从伊便窄袜弓鞋"。元代郭钰《美人折花歌》："草根露湿弓鞋绣"。元代王实甫《西厢记》第四本第一折："下香队，懒步苍苔，动人处弓鞋凤头窄"。清代叶梦珠《阅世编》卷八："弓鞋之制，以小为贵，由来尚矣。……至今日而三家村妇女，无不高跟笋履"。

至于将女人的小脚称为"金莲"，是南唐皇帝李煜的"发明"。南唐李后主的舞女窈娘以帛绕足，使之纤小屈突而足尖成新月状，在金质莲花上翩翩起舞，舞姿优美，飘飘然若仙子，才有了"三寸金莲"其名。这样激起当时妇女极大的倾慕，以至于争相效仿，纷纷以缠足为美、为贵、为娇、为雅。五代窈娘虽不能肯定就是缠足之习的起源，但至少可以将其视为"之最"，或多或少地影响了后来缠足风俗的兴起。

图 1　缠足女子（宋《杂剧人物图》局部）

宋代缠足之习颇见规模，并因此影响了鞋履式样，进而影响到妇女体态乃至思想。

唐代以前，社会对女性的约束相应宽松一些，并没有强迫妇女缠足之种种说教。世人只是认为，女子的脚，以纤小为美，女子行步，以舒迟为美。焦仲卿诗“足下蹑丝履，纤纤作细步”，即以缓行为贵，既能使脚形更趋向于秀美纤小，又自然地放慢了行走的速度呈细步状，与当时社会流行、崇尚的审美观点相符合，于人体则无损伤。

缠足这一封建社会审美异化现象在宋代成为风尚，究其原因，主要有以下两个方面：首先，中国封建统治向来是以家庭为基础的等级制度，由封建的宗法关系而制定礼法条规和道德标准，其中突出了男性权益，充满了对女性的歧视和压迫。如“夫为妻纲”“三从四德”等等封建礼教，为缠足之风的兴起创造了社会前提。宋代出现了程朱理学后，对女性的束缚更加严酷。《女儿经》明确教导女子，之所以缠足“不是好看如弓曲，恐她轻走出门外”；其次，在程朱理学的影响下，宋人形成崇文尚雅的意识倾向，制约了审美意识，形成一种定式，追求反映文雅精神的事物，对于女性美崇尚纤美娇小，其病态的发展就是弱不禁风，直至人为折磨妇女肉体，使女性生理形态畸形，硬缠成三寸小脚。

中国妇女的小脚，起于五代，风行于宋，是对人性的摧残和对妇女的迫害，成为汉民族文化中最丑陋的“文化”。给女性造成了极大的痛苦，如民谚所说：“小脚一双，眼泪一缸”。辛亥革命，废止缠足，直到“五四运动”后才基本完成。

张敞画眉:记录古代女性眉妆历史

人们常用“眉清目秀”“眉目如画”作为评价美女的基本标准,眉毛在五官中的位置举重若轻。

纵观历代女子画眉样式,主要集中在长短、粗细、曲直和浓淡等方面。

图1 清·周秉沂《张敞画眉图》

成语“粉白黛黑”出自屈原《大招》:“粉白黛黑,施芳泽只”。意思说白施于面,黛为黑施于眉,反映出古代画眉的历史,早在春秋战国时期已经出现了。此时妇女画眉,以深黑色为主,其眉型则以长为标准,同时将“蛾眉”作为审美标准之一。《诗经· 卫风·硕人》赞美美好的女子说:“手如柔荑(tí),肤如凝脂,领如蝤蛴(qiúqí),齿如瓠(hù)犀。螓首蛾眉,巧笑倩兮,美目盼兮”。意思是:手指比那白茅芽还嫩,皮肤比脂膏还细腻,美丽的脖子像蝤蛴,牙齿齐白像瓜籽,方正的额头眉细长,一笑百媚若人爱,眼波流转有灵气”。这是成语“蛾眉螓(qín)首”的出处,蛾眉,细长而弯。《韵会》载“蛾似黄蝶而小,其眉勾曲如画”。于是,蛾眉成为各代女子眉式的基本样式,后代诗人就多用“蛾眉”来称呼美女。如高适有《塞下曲》诗云:“荡子从军事征战,蛾眉蝉娟守空闺”。还有“蛾眉曼睩”(语出《招魂》)、“蛾眉皓齿”(语出汉代司马相如《美人赋》)等成语。

汉时兴描眉,形成眉妆史上第一个高潮。“张敞画眉”典故可见时风,《汉书·张敞传》:“(敞)又为妇画眉,长安中传张京兆眉怃。有司以奏敞。上问之,对曰:‘臣闻闺房之内,夫妇之私,有过于画眉者。’上爱其能,弗备责也”。由此留下以下一串成语:“京兆眉妩”“京兆画眉”“画眉举案”等。这一高潮的形成与汉代礼制的形成、统治者的重视有关,与姬妾盛行、男尊女卑进一步强化也有密切关系。女子的妆扮,往往以男子喜怒为转移,更以取悦男子、媚惑男子为目的,典型如“愁眉啼妆”。《后汉书·五行志一》:“桓帝元嘉中，京都妇女作愁眉、啼妆、堕马髻、折腰步、龋齿笑。所谓愁眉者细而曲折。啼妆者，薄饰目下，若啼处”。愁眉这种眉式，据说出自东汉孙寿之手。愁眉，眉细而曲折，这种纤细而曲折的愁眉，与西汉时期的八字眉类似，也是眉头朝上、眉梢向下，给人啼泣之感。

到唐朝，政治稳定，经济繁荣，促进了妆饰文化的发展，画眉之风达到了登峰造极的地步。风流天子李隆基甚至命人作了“十眉图”，鸳鸯眉、小山眉、五岳眉、垂珠眉、月棱眉、分梢眉、涵烟眉、拂云眉、倒晕眉，是为“十眉”。即便是美貌又自信的虢国夫人(杨玉环的姐姐)，可以“素面朝天”，但眉还是要画的，因为唐玄宗痴迷“美眉”。张祜就此写了一首诗，诗的题目叫《集灵台二》:“虢国夫人承主恩，平明骑马入宫门。却嫌脂粉污颜色，淡扫蛾眉朝至尊。”这首诗就成了成语“淡扫蛾眉”的出处。而有才华的女子则被称为“扫眉才子”，唐代王建《寄蜀中薛涛校书》诗:“万里桥边女校书，枇杷花里闭门居。扫眉才子知多少，管领春风总不如。”这是其出处。扫眉，即画眉。唐代李商隐《代赠二首》诗:“总把春山扫眉黛，不知供得几多愁”，温庭筠《南歌子》词:“倭堕低梳髻，连绢细扫眉”。都是吟诵“扫眉”的诗句。

图2 唐代贵妇花髻发式，戴花冠，饰蛾眉

唐代妇女的画眉样式，比起从前要显得宽阔和浓重一些。唐人给这些不同的眉式赋予了不同的名称，比较著名的有柳叶眉、却月眉、八字眉等。柳叶眉简称“柳眉”，这是一种眉头粗圆、眉梢尖锐、眉身宽阔的眉式，因形状与柳叶相似故名。柳眉是唐代妇女所推崇的，韦庄《女冠子》词:“语多时，依旧桃花面，频低柳叶眉”。白居易《长恨歌》:“芙蓉如面柳如眉”。咏的就是这种眉式。柳叶眉在后代继续盛行，成语“杨柳宫眉”“柳眉剔竖”“柳眉倒竖”等都出自元明清三代，如元代刘时中《同文子方邓永年泛洞庭湖宿凤凰台下》:“杨柳宫眉，桃花人面，是平生未了缘”。可见柳叶眉为后世妇女所认同。

另外，眉在目上，眉目一体，是面部最生动的部分，并成为古代妇女表达情感的主要表征与手段之一，于是可以“挤眉弄眼”“眉目传情”。

浓妆淡抹:勾画古代女性美妆文化

人之美丑主要重颜面,所以面妆成为女性人体装饰中最为重要的一部分。除了画眉,古代妇女面部化妆,一般有敷铅粉、抹胭脂、涂鹅黄、点口脂、描面靥、贴花钿。这些内容大都在成语中有具体的记录。

用粉搽傅脸上,是古代妇女化妆的重要手段。一般认为这一手段始于战国时期。上述"粉白黛黑"说的是我国古代妇女最早的傅粉妆法。《战国策·楚策》也有记载,张仪谓楚王曰:"彼郑、周之女,粉白墨黑,立于衢(qú)间,非知而见之者,以为神"。是说那郑国和周国(韩国属国)的女子,打扮得十分漂亮,站在大街巷口,如果不知道,初次见她的还以为是仙女下凡。古代把敷面的粉统称为"妆粉"。妆粉从成分看,可以分为两种,一种以米粒研碎制成,所以,"粉"字从"米",从"分";另一种为化铅而成的糊状面脂,即为"铅粉"。最初,大多未经脱水处理,以糊状为主,也被称作"胡粉",大约在汉代以后,铅粉被吸干了水分,制成粉末或固体状,使用时候加水调研,就可以涂抹。铅粉(铅华),夏商时已经出现,为我国古老的化妆品。现在能见到的铅粉,以秦代为早,是文物工作者在对秦兵马俑进行研究时发现的。后代把铅粉称为"金粉",并成为女子的代称之一,有成语叫"六朝金粉"。

先秦、两汉时期,女性的美尚未取得独立的价值,人们虽然欣赏女性之美,但更强调道德,表现出了以德压美的倾向。先秦时期人们的审美观,重人工修饰,讲究质朴。但这时期的女子已经知道一白可以遮百丑,开始使用妆粉,脸色敷粉以"白"为主。后来由于胭脂的推广流行,汉代以后,妇女作"红妆"者与日俱增,且经久不衰。胭脂是一种红色面脂,汉以前胭脂主要产于河西走廊焉支山,主要原料为红蓝花,汉武帝击败匈奴,红蓝花在内地大量种植。胭脂从匈奴地区传入中原,成为汉族妇女的妆饰品,与张骞出使西域有关。公元前138年,张骞等人奉汉武帝之命,出使西域,公元前119年,张骞再次出使西域,引进了葡萄、石榴、芝麻等植物,同时也引进了胭脂。

成语"红粉青蛾"出自唐代杜审言《戏赠赵使君美人》诗:"红粉青娥映楚云,桃花马上石榴裙"。成语"匀红点翠"出自北宋诗人陈师道《木兰花减字》:"匀红点翠,取次梳妆谁得似”。历代诗文中也有不少描写，如“谁堪览明镜，持许照红妆”“阿姊闻妹来，当户理红妆”“红妆束素腰”等。有关唐代妇女饰红妆的记载就更多，如“青娥红粉妆”（李白《浣纱石上女》）“对君洗红妆”（杜甫《新婚别》）“射生宫女宿红妆”（王建《宫词》）等等。

除了“红妆”，历代女性对美的追求，还在“红唇”上下功夫，于是有了以下一组成语：“傅粉施朱”（语出宋玉《登徒子好色赋》）、“朱唇皓齿”（语出屈原《大招》）、“朱唇粉面”“朱唇榴齿”等等。妆唇以红，在中国起源很早，战国楚宋玉的名篇《神女赋》中就有“眉联娟以娥扬兮，朱唇的若其丹”。“丹”即朱砂，它是古代妇女妆唇所用红脂的主要原料，“朱”的色彩为红，故古人常称女性的口唇为“朱唇”。汉代刘熙《释名》定义曰：“唇脂以丹作之，像唇赤也”。以朱砂研磨后得出的红色颜料可以饰颊，人们又将颜料拌入动物的油脂，使之凝结成脂类物，既滋润口唇，又增添红色，且不易脱落，深受先秦至汉时期妇女的欢迎。汉代以后，北地的红蓝花在内地得到广泛的种植，便取代了朱砂，原因是红蓝花汁色鲜，质地均匀细致，不似朱砂总带着粉粒，而且附着力强，不会轻易褪色。明人的《正字通》云：“燕脂，以红蓝花汁凝脂为之……后人用为口脂”。清时统称为胭脂，既抹唇又妆脸。《红楼梦》第四十四回里，宝玉拿出一个盛了上好胭脂的白玉盒子，给平儿妆唇，就是一个明显的例子。当然也有特例，如唐元和末年，由于受吐蕃服饰、化妆的影响，唇以乌膏点染。白居易的《时世妆》诗记录下了当时的怪异面妆：“……乌膏注唇唇似泥”。

图 1 点唇

图 2 赵合德（《明刻历代百美图》）

唐代妇女美妆的蓬勃发展，追根究底总是逃不开唐代炫丽多彩的城市生活，因为唐朝繁荣的商品生长发展以及城市经济的进步，美妆生活也就顺理成章地成为城市居民生活方式丰富多彩的典型代表。

在男权社会，女性特殊的地位与价值观念，使得她们的妆饰行为既有愉悦又有悲酸，既有健康的美，又产生非常态的现象，如上述“愁眉啼妆”。顾名思义，就是把妆化得像哭泣一样，完全是乞怜于男性的一种妆饰。啼妆是出现于东汉末年的一种时妆，相传也是由汉桓帝大将军梁冀之妻孙寿所创，具体作法是以白粉敷面，然后以油膏薄拭目下，如啼泣状，使人产生怜悯之情。隋唐时期仍有此妆，韦庄《闺怨》诗：“啼妆晓不干，素面凝香雪”。在古代能够“素面朝天”的，毕竟只有少数，也只能产生在女风疏放的唐代。

历代女性美妆体现了历代女性对生活的热爱和对自我完善的期盼，同时也成为美化社会生活的积极力量。

朱唇皓齿:唇红为美传统有之

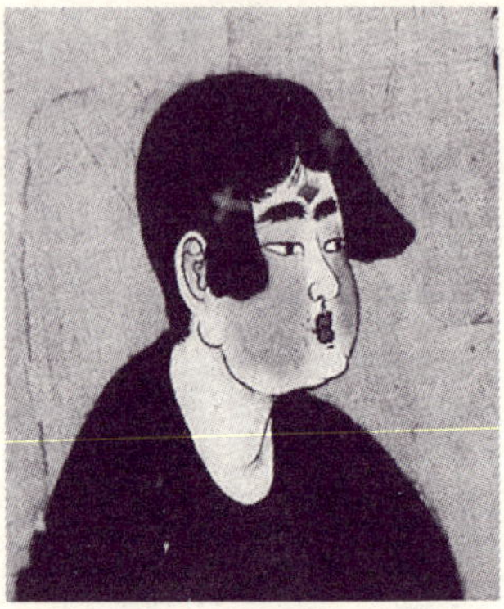

图 1 点唇的女子（《弈棋仕女图》）

中国习惯以唇红为美。

妆唇以红，在中国起源很早，楚宋玉的名篇《神女赋》中就有“眉联娟以娥扬兮，朱唇的若其丹”。“丹”即朱砂，它是古代妇女妆唇所用红脂的主要原料，“朱”的色彩为红，故古人常称女性的口唇为“朱唇”。汉代刘熙《释名》定义曰：“唇脂以丹作之，像唇赤也”。以朱砂研磨后得出的红色颜料可以饰颊，人们又将颜料拌人动物的油脂，使之凝结成脂类物，既滋润口唇，又增添红色，且不易脱落，深受先秦至汉时期妇女的欢迎。1949 年，湖南长沙市郊陈家大山楚墓出土了一幅古帛画，据测此画约距今 2300 余年，画中的女性口唇均饰朱色。在江苏扬州、湖南长沙的西汉墓中，甚至还发现了保存完好、存放在漆匣中的朱砂唇脂实物，可见唇脂在妆品中受重视的程度。

中国古代的口红，制作精细。北魏贾思勰在《齐民要术》中曾经记载过当时的制作工艺，即先制香酒，以丁香、藿香两种香料，拣上好的裹入新收的、无杂质的洁净棉花中，然后投入事先已烧至微烫的酒中，以热酒吸收棉中的香料之味。吸收的时间为夏日一天一夜，春、秋两季为两天两夜，冬季为三天三夜。浸透到期后，取出棉花和香料，将牛油或牛髓放人此香酒，旺火大烧，滚沸一次加一次牛油脂，数滚之后，撤火微煎，此时慢慢掺人以朱砂研取的红色颜料，并以青油调人，搅拌均匀，灭火后，待其自然冷却，凝成的红脂细腻鲜艳，香气蕴藉，即为妇女喜爱的饰唇用品。

唐元和末年，由于受吐蕃服饰、化妆的影响，出现了“啼妆”“泪妆”，顾名思义，就是把妆化得像哭泣一样，当时号称“时世妆”。

旧时习俗以嘴小为美，娇小的口唇是历代妇女都喜爱的。点唇一般认为是战国时期开始的。唐朝诗人岑参在《醉戏窦美人诗》中所说：“朱唇一点桃花殷”。这一点在明清时代的妇女身上表现尤为突出，她们往往在描画完上唇后，只在下唇上点上一个小圆点，即所谓“樱桃小口”。所以《点绛唇》词牌又名为《点樱桃》。南宋词人何冠《凤凰台上忆吹箫》有“窄袖半掩，莺啼处，点破樱桃一点红”的句子。

女性唇美，齿也有讲究，从颜色方面来讲，就是白。《楚辞·大招》“朱唇皓齿，嫭以姱只”（即成语“朱唇皓齿”的出处），曹植《洛神赋》“丹唇外朗，皓齿内鲜”而用“皓”字和“鲜”字形容牙齿的白净光洁。另外还要整齐，成语“朱唇榴齿”表现女性口齿之美，强调牙齿整齐。

在文献的记载中，口红常与傅面之粉、描眉之黛、沐发之泽并列而称。如成语“朱唇粉面”。

在口红历史的变化过程中，我们能够发现中国口红之韵美的文化内涵，是相当深厚的，有时甚至是使人们特意追求的生活理想。别小看这“一点红”，它是独具中国特色的口红文化现象。

风鬟雾鬓：记录远去的迷人发式

“风鬟雾鬓”出自北宋苏轼《题毛女贞》诗：“雾鬓风鬟木叶衣，山川良是昔人非”。

鬟，是中国古代妇女发型之一。所梳的环状发髻即为鬟。鬟与髻的区别在于鬟为空心状而髻为实心。

鬟在秦代就已经在贵族妇女中流行。隋唐五代妇女的鬟式很多，有高鬟、低鬟等。鬟式一直流传于宋元时期。式样和名称有所不同，梳妆对象也有所变化。宋代诗人黄庭坚有诗句说：“学绾双鬟年纪小”（《木兰花令》），描述的是少女梳双鬟的式样。

鬓指的是耳前额下部位所留的头发。古代妇女有留长鬓的习俗，比如魏晋南北朝时期就非常流行。东晋顾恺之《女史箴图卷》中，就描绘了妇女梳长鬓的形象。隋唐时期妇女的鬓式更为丰富，名称很多，有蝉鬓、雪鬓、丛鬓等。

“雾鬓”即“蝉鬓”。蝉鬓是指面颊两旁近耳头的头薄如蝉翼，“蝉鬓”一词，出现在三国时代的魏国，是魏国王宫中一名叫莫琼树的宫女所梳发型。《中华古今注》：“魏文帝宫人莫琼树始为蝉鬓，望之缥缈如蝉翼然”。

这种鬓式盛行于魏晋南北朝时期，唐代、宋代沿用不衰。盛唐时倭堕髻流行，蝉鬓也随运而行。且把头发全梳至顶上再做各种扎结的发髻都可配半遮耳背的蝉鬓，松松垮垮却大大方方，薄而透明的蝉鬓与厚而高实的发式结合与对比，使妇女的发型富于变化而别致。《簪花仕女图》中的女子均着高髻，饰蝉鬓。

“蝉鬓”梳理的方式是以膏沐掠鬓，将鬓发整理成薄片之状。南宋范成大《新作景亭程咏之提刑赋诗次其韵》：“花边雾鬓风鬟满，酒畔云衣月扇香”。这种鬓式轻薄透明，形如云雾，所以又称为“云鬓”。《木兰诗》就有“当窗理云鬓，对镜贴花黄”的诗句。

梳理蝉鬓，不仅需要一定的技巧，还需要借助梳妆用品。先秦时期，妇女就已经用油脂润发，以后陆续出现蜜蜡、芦荟、茶子油等一系列用品，使鬓发松而不乱，应该就是早期的定型水了。

发式是妇女头部的重要装饰，能增加其仪容的俊美。古代妇女发式造型的变化，极为富丽而多姿，历代相承，不断变化，从简至繁，又从繁复简，往返交替。

风鬟雾鬓，形容女子头发的美，也形容女子头发蓬松散乱。

图 1 汉代妇人双环灵蛇髻发式（美发图库）

图 2 唐·周昉（《簪花仕女图》局部）

绝代风华

环肥燕瘦:反映审美情趣的流变

“环肥燕瘦”语出北宋苏轼《孙莘老求墨妙亭诗》:“杜陵评书贵瘦硬,此论未公吾不凭。短长肥瘦各有志,玉环飞燕谁敢憎”。

“环”指唐玄宗贵妃杨玉环,丰满圆润;“燕”指汉成帝皇后赵飞燕。《西京杂记》和《外传》中赵飞燕像轻盈的燕子似的在风中轻舞飞扬。环肥燕瘦,形容女子体态不同而各有风韵。也揭示了审美情趣因时代的变化而改变的现象。

图1 明代木刻《赵飞燕掌上舞图》

先秦、两汉时期,人们欣赏女性之美,但更强调道德,《左传·昭公廿八年》载曰:“夫有尤物,足以移人,苟非德义,则必有祸”。由此可见,古人欣赏女性之美,多重于道德修养,要求女性秀外而慧中,端庄而德佳。受物质条件的限制,这一时期女性的服饰较为古朴,衣服、鞋子和男子无多大的差别,身上没有巾、带等饰物,头上也只是挽一个简单的发髻,没有太多妆饰,凸显其古朴之美。

随着服饰审美观的演变,魏晋南北朝已是由质朴到富丽的成熟时期,从魏晋时期开始,女性之美开始获得了独立的价值,得到欣赏和珍视。当时求女性温婉妩媚、婀娜多姿,身穿广袖短襦、曳地长裙。当时还流行在头上插戴花钗和“步摇”,这样走起路来衣袂飘飘,环佩叮当,尽露其飘逸之美,进一步强调了女性的温婉妩媚、婀娜多姿。

唐朝更是追求奇异艳丽,此时为中国女性妆饰的集大成时代,周昉的《簪花仕女图》,充分显现出在唐代物质享受发达的皇室与民间倾向于“大”“多”和“富贵”的感觉,图中的仕女莫不体态丰腴,符合物大肉多的心理倾向与满足,还个个色彩鲜艳与浓丽,极具富贵之态。从画家的作品,就可以了解唐代社会的妇女以“健肥壮硕”为其审美的标准,其“丰肌”为世人所好,除此之外,肌肤白皙彷佛弹指可破也是唐代审美的条件之一,《长恨歌》:"温泉水滑洗凝脂",即是在形容杨贵妃的肌肤白嫩,杜甫《丽人行》:"长安永远多丽人,态浓意远淑且真,肌理细腻骨肉云"。就可以察觉出晶莹剔透的皮肤,与体态丰盈、容貌浓艳被视为当时社会的标准。

袒领服在唐代尤其是盛唐时期的妇女中广为流行。袒领服为一种半袒胸的大袖衫襦,衣料为纱罗制品,诗人形容为"慢束罗裙半掩胸""参差羞杀雪芙蓉"(周濆《逢邻女》),又如方干《赠美人》:"粉胸半掩疑暗雪",施肩吾《观美人》:"长留白雪占胸前",李洞《赠庞谏师》:"半酥胸嫩白云饶"等诗句,均作了形象的描写。初唐欧阳洵《南乡子》中有"胸前如雪脸如花"的句子。另外,还有一种更加开放的服装,"绮罗丝缕见肌肤"(欧阳炯《浣溪沙》),里面不着内衣,仅以轻纱蔽体,在中晚唐代时十分流行,并且一直延续到五代。

继而五代宋元期间,时代精神与审美情趣皆为之一变。厌丰腴华丽,而喜清幽淡雅。故当时女人,多苗条清雅。

明清两代,审美观念,较为广泛。在中国传统文化的浸染下,十分强调人的内在修养,"内在美"亦备受推崇。与此同时,古时之"丰肉微骨"复获青睐,力求女性"浓纤得衷,修短合度",而奉为一时典范。

美丽的标准因时代的变化而改变,但人们对于美丽的追求永远不变。关于美的认识,有一样永远无法代替——内外兼修,是美的真谛。

"环肥燕瘦"也比喻艺术作品风格流派各具特点,各擅其美。

图 2 贵妃出浴

图 3 唐三彩女立俑

女扮男装:服饰性别差异的悖逆

在人类服装文明史上,性别在服装的形成与发展中扮演着至关重要的角色。男人女人生理不同,服饰式样有差别也是自然的事情。但封建时代,男女服制的不同,是男尊女卑的反映,不许女子着男装是统治女子的一种手段。古人的传统观念,把男女服装绝对分开,不得掺杂、逾越,否则将要遭到谴责。男子穿妇人服,三国时,以清谈著名的思想家何晏"好服妇人之衣",被另一思想家傅玄指斥为穿"妖服"。女子穿男装,也被视为"妖服",所以正史《五行志》里往往设有"服妖"一目,责备女子的男装。

图1 幞头袍衫是唐朝男子的主要装束,至天宝年间,妇女也模仿穿着(唐张萱《虢国夫人游春图》局部)

文献记载中最早好穿男服的女子是夏桀的宠妃末喜。《晋书·五行志》说:"末喜冠男子之冠",明确说明末喜戴男人的官帽。

唐朝前期是妇女着男装的盛行时代。唐高宗和武则天的爱女太平公主曾在一次家宴上,一身男性装束,身穿紫衫,腰围玉带,头戴皂罗折上巾,身上佩戴着边官和五品以上武官的七件饰物,有纷(拭器之巾)、砺石(磨石)、佩刀、刀子、火石等,以赳赳男子的仪态歌舞到高宗面前,高宗、武后笑着对她说:"女子不能做武官,你为什么作这样的打扮?"太平公主着男装,一是她的性格像男人,故喜着男服;二是干预政治,不愿脂粉气太重,以男装具其威仪,助其施展政治才能。

《旧唐书·舆服志》记载,唐玄宗时宫中妇人,"或有著丈夫衣服靴衫,而尊卑内外,斯一贯矣"。即宫内宫外,贵族民间,多有女子身穿男式衣衫,足蹬男人皮靴,女子服装男性化了。唐武宗时也有女子身着男装,武宗妃子王氏,善于歌舞,又曾帮助武宗获得帝位,是以深得君王的宠爱。王妃体长纤瘦,与武宗的身段很相似,当

图 2　反映女扮男装的美女壁画

武宗守猎时，她穿着男子的袍服陪同，并骑而行，她与武宗的形象差不多，人们分不出来哪个是皇帝，哪个是妃子。武宗还想把王妃立为皇后，宰相李德裕以妃子娘家寒素和本人无子为理由，反对册立，遂使王妃失去执掌后宫的机会（《新唐书·后妃传》）。王妃的男装显然是武宗所欣赏的，至少是被武宗所接受的。

男女装混穿，在正统的观念里是严重的政治问题，而不是生活小事，更不是个人兴趣的事情。傅玄说："夫衣裳之制，所以定上下，殊内外也"。原来统治者认为男子主于外，女子主于内，故有男女的服饰制度，使男女各守本分，不得僭越，若女子男装，会出现"牝鸡司晨"的事，是家庭的不幸、国家的不幸。傅玄还举例子，说夏桀因宠末喜戴男子冠亡国，又说何晏本身遭到杀身之祸，而且三族皆被夷灭（《晋书》）。所以封建时代，男女服制的不同，是男尊女卑的反映，不许女子着男装是统治女子的一种手段。

但即便如此，历史上总有不安分的女子，进行各种反叛行动，而且留下了许多故事。中国传统文学中女扮男装的例子就很多，例如花木兰、祝英台，或代父从军，或追求恋情。然而，花木兰和祝英台女扮男装之事，在史书上却未见记载，所以，其真实性尚待考证。不过，史书上的确记载过一些女扮男装的事情，也就是说，在历史上女扮男装是真实存在的。《南史·崔慧景传》中记载，东阳有一女子名叫娄逞，她女扮男装，而且看上去就是一个男人。之后，娄逞出外游学，她擅长下棋，而且很有学问，于是遍游当时的公卿之间。后来娄逞做了官，而且是在中央政府部门上班。但是，娄逞的女人身份最终被人发现了，当时女人是不能做官的，若是女扮男去做官被发现了，是要治罪的。然而，当时的皇帝很欣赏娄逞的才能和胆量，谅解和宽恕了她，没有治她的罪，而是让她穿上女人的衣服回家去了。望着娄逞远去的背影，这位皇帝叹息道："如此一个有才能的人，竟然是一个女人，真是太可惜了！"

美女簪花:记录历久不衰的簪花习俗

"美女簪花"语出《太平御览》卷七四八引南朝梁袁昂《古今书评》:"卫常书,如插花美人,舞笑镜台。"

女子头簪时令鲜花,作为习俗早在汉代就已经出现。四川成都羊子山西汉墓出土的女陶俑,发髻正中插着一朵硕大的菊花,菊花两旁还簇拥着数朵小花。汉代以后,簪花之俗在妇女中历久不衰。季节不同,所簪花自然不同。一般情况,春天多簪牡丹、芍药,夏天多簪石榴、茉莉,秋天多簪菊花、秋葵等。

图1 汉代簪花(四川成都出土陶俑)

图2 五代高髻簪花(敦煌莫高窟壁画)

图3 五代女子高髻发式戴花冠,簪花

簪花女子的形象被文人采撷于诗词之中。

如梁简文帝萧纲《茱萸女》:"茱萸生狭斜,结子复衔花。遇逢纤手摘,滥得映铅华。杂与鬟簪插,偶逐鬓钿斜",又如元稹的《村花晚》:"三春已暮桃李伤,棠梨花白蔓菁黄。村中女儿争摘将,插刺头鬟相夸张"。写的是乡野女子的天真烂漫,村中女子将棠梨花作为发饰,明媚的春光中,少女的青春容颜和娇美的花朵交相辉映。诗人们用欣赏的、愉快的心情,描绘簪花女子的美好形象。宋代朱淑真写到:"自折梅花插鬓端,韭黄兰茁簇春盘"。描写女性对春天的期盼,对生活的热爱。

古代妇女除了簪戴鲜花外,还有簪戴假花的。制作假花的材料有绢帛、丝绒、色纸和珠宝等。手工艺人以绢帛仿照鲜花制作,这种装饰花除无香气之外,其最大的特点是永葆色泽鲜艳。清代末年有珠花问世，较为贵重的是用金翠宝玉和珊瑚制成的珠花，用翠鸟羽毛做成的翠花。

不光女子，古代男子也有簪戴鲜花的风俗。唐朝已有男子簪花的现象，王维诗《九月九日忆山东兄弟》："独在异乡为异客，每逢佳节倍思亲。遥知兄弟登高处，遍插茱萸少一人。"王维在诗中遥想兄弟们头戴茱萸登高时，一定会发现少了自己这个亲人，含蓄地表达兄弟间互通互感的温馨亲情。在古代诗词中，男子多借簪花抒写特定的心理。比如开创中国浪漫主义传统的诗人屈原就有穿戴香花香草的喜好，单在《离骚》中作者佩戴的名贵香花就有江蓠、芳芷、杜衡、留荑、揭车、菌桂、秋兰等十几种。这些都是当时作者被奸佞小人诽谤排斥出朝廷后，美政理想无法实现，却又不屑同流合污，而要固守贞节的矛盾心态的外化。

男子簪花到了宋朝更日益普遍，南宋张元干《菩萨蛮》："春来春去催人老，老夫争肯输年少。醉后少年狂，白髭殊未妨。插花还起舞，管领风光处。把酒共留春，莫教花笑人。"词中没有传统的伤春叹老，而是插花起舞的不服老。簪花在宋朝还成为某些典礼的仪节。由皇帝给群臣赐花，由中使为之插戴。朋友之间的便宴也适宜簪花。如果遇到国家大灾之年、瘟疫、忌辰等，则不可以簪花。在民间婚仪中，按照宋朝婚俗，新郎可以"戴花一两枝，胜一两枚"，胜即花胜。

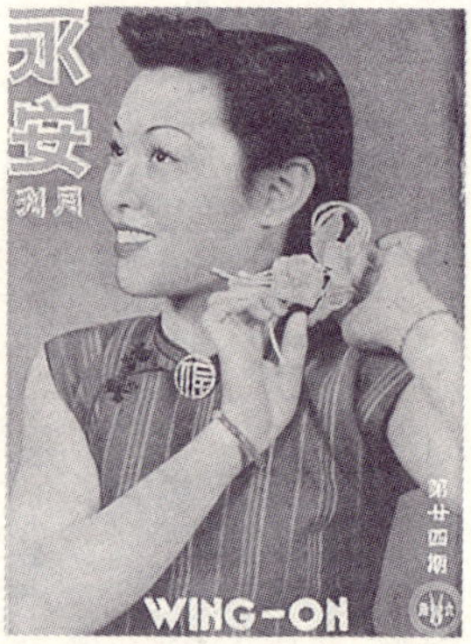

图 4 民国时期簪花的女子（期刊封面）

《水浒传》中有不少男子簪花的描写。阮小五出场"斜戴着一顶破头巾，鬓边插朵石榴花，披着一领旧布衫，露出胸前刺着的青郁郁的一个豹子来"，杨雄"鬓边爱插翠芙蓉"，燕青则"腰间斜插名人扇，鬓边常簪四季花"。

簪花除了有审美之外，还有避邪的象征意义，在一些传统节日有簪花的习俗，如重阳节"簪茱萸、插菊花"，古人认为戴上茉莉花能驱鬼，戴上菊花能长寿。

及笄年华:记录失落的生命礼赞

笄是古代盘头发用的簪子,《礼记·内则》:“女子十有五年笄”。

发式是妇女头部的重要装饰,能增加其仪容的俊美。

古代女子 15 岁前,发式通常是将头发集束在头部的双侧,梳成树丫或兽角状,之所以称女孩为“丫头”,其名称就来源于此。满 15 岁,古代女子就被看作成人,如果已经许嫁,便可梳成人的发髻了,这时就需要使用发笄。而一般说来,女子在“及笄”之间,父母就已经给她定下婚事,一般在“及笄”那一年出嫁,所以,结婚的妇女都是盘发的。

图 1 春秋发笄(河南光山宝相寺春秋孟姬墓出土,北京服装学院服装数字图书馆)

图 2 唐代女子丫髻发式

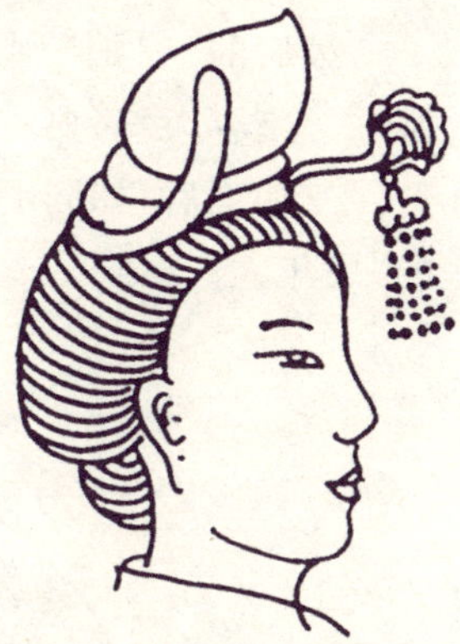

图 3 唐代女子高髻

古时称女子成年为“及笄”,就是这个意思。女子插笄在古代是一件很重要的事情,一般都要举行仪式。

“礼”是中华传统文化的核心要素,是一种寓教于“美”的文明教化方式,是我们民族特有的人文传统。我国传统的人生仪礼把换装当作一种重要的人生阶段。传统汉族男子的成年礼叫“加冠”,也称冠礼;女子的成年礼叫“加笄”,叫作“笄礼”。

笄礼,产生于周代。是中国汉民族女性的成年礼。男有冠礼,女有笄礼。笄礼和男孩子的冠礼一样，是对人生责任的提醒：从此将由家庭中毫无责任的“孺子”转变为正式跨入社会的成年人，只有能履践孝、悌、忠、顺的德行，才能成为合格的儿子（女儿）、合格的弟弟（妹妹）、合格的公民（过去来讲，是合格的臣下）、合格的晚辈……各种合格的社会角色。

在笄礼过程中，笄者将要先后更换三次服饰，三次加笄的服饰，分别有不同的蕴义，象征着女孩子成长的过程。

初加

笄者梳着双鬟髻、穿着“采衣”入场，采衣是童装，色泽纯丽，象征着女童的天真烂漫。女童端坐好后，负责为她加笄的“正宾”上前，将双鬟髻梳成一个发髻，用罗巾包住，然后插上一支造型简朴的发笄——这叫做“初加”。初加后，笄者到场地东边的更衣室（叫做“东房”）换上素雅的襦裙，素色襦裙象征着豆蔻少女的纯真。

二加

正宾去掉笄者头上的发笄，换上一支秀气的发簪，然后笄者回东房换衣——线条优美的深衣（尤其是曲裾深衣），象征着花季少女的婀娜秀丽。

三加

最后的“三加”则换上更华丽的钗冠和大袖礼衣。这是汉族女子隆重的礼服——雍容大气，典雅端丽，正体现了传统审美中女性最美的风范。

三加之后，如同羽化的蝴蝶一样，笄者从稚气的孩童转变成一个承担社会责任的“成年人”。

图 4 汉代的副笄六珈仍可从画像石上得知。河南新密打虎亭汉墓出土的画像石上，有一组妇女形象，每人头上都绾有假髻，髻上各插六支发笄

珠联璧合:展现诗意的中国饰品

“珠联璧合”出自东汉班固《汉书·律历志上》:“日月如合璧,五星如连珠”。

璧是中国古代流行的平圆有孔的玉。珍珠联成串,美玉合成双。正是集高贵、祥瑞与优秀于一体,称做“珠联璧合”。后人藉此来比喻人才或美好的事物聚集一起。

在中国的传统文化中,玉石和珍珠并重,前者是君子的象征,温润如玉;后者则是女子的最爱,珍珠的晶莹和色彩,正如佳人的容颜。

在汉语言词汇中,以“珠”“玉”组成的成语,都与美好事物有关。比如“珠光宝气”“珠圆玉润”“字字珠玉”“珠规玉矩”。

图 1 珍珠(资料图片)

中国是世界上利用珍珠最早的国家之一,早在四千多年前,《尚书禹贡》中就有河蚌能产珠的记载,《诗经》《山海经》《尔雅》《周易》中也都记载了有关珍珠的内容。

合浦是中华民族闻名的珍珠产地。“珠还合浦”是千古流芳的中国古代典故。《后汉书·循吏传·孟尝》载:“合浦郡海出珠宝。原宰守并多贪秽,采求无度,珠遂徙于邻境交阯郡界。及孟尝赴任,革易前弊,未逾岁,去珠复还”。

合浦珍珠,又称南珠、廉珠和白龙珍珠。素有“掌握之内,价盈兼金”之说。有“东珠不如西珠,西珠不如南珠”之美誉。它以细腻器重、玉润浑圆,粒大凝重、瑰丽多彩、晶莹圆润、皎洁艳丽、光泽经久不变等优点著称。合浦珍珠的历史至今已逾2000年。目前,故宫博物院里陈列的珍珠多为合浦所产。慈禧太后的皇冠上镶嵌的数千颗珍珠便是合浦珍珠。

在2010年上海世博园里,广西馆有“镇馆之宝”——手托“南珠王”的“珍珠仙女”。那“珍珠仙女”头上戴着的“海之皇冠”,镶嵌有228颗南珠。手上托着的“南珠王”,是目前中国最大的一颗天然海水珍珠,最大直径1.55厘米,重3.6克。

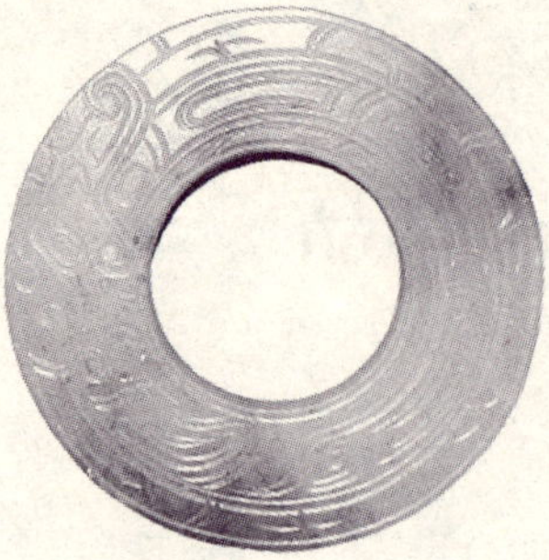

图 2　西周玉璧

玉饰品是从新石器时代开始出现的。新石器时代古人已经用加工过的美丽的玉石片、玉石珠、玉器制作饰物，出现了人类历史上第二代装饰品（旧石器时代，山顶洞人把兽骨、兽牙、贝壳打磨钻孔，是第一代装饰品）。在中国各地的新石器时代的遗存里有大量精美的玉器出土。

在中国，玉器所隐含的意义是无与伦比的。玉器的光滑润泽，象征着高洁、仁慈；玉器的纹理从表面一直通向内部，象征着表里如一；可以使玉器断裂，但不能使它弯曲，象征着正直和勇敢……。周代，将玉的材质之美与社会道德规范相比附，《礼记玉・藻》云："君子无故，玉不去身。君子于玉比德焉"。周代贵族男女佩戴玉石装饰品成风，贵族妇女出游，玉饰是一定要佩戴的，行走时，玉器发出丁冬悦耳的声响，所谓"环佩叮当"就是这一状况。当然，如果声音乱了，就是失礼了。男子出行要带"组佩"，"组佩"是将数件佩玉用彩色丝线编成的组绶串联悬挂于革带上。

历代佩戴玉饰的风俗一直盛行很久。玉器自从出现以来，延续了 7000 多年，成为中国传统文化的特色之一。

长袖善舞：记录舞衣翩跹

“长袖善舞”出自《韩非子·五蠹》：“长袖善舞，多钱善贾”。

历代舞服是服饰宝库中的一串明珠。一袭设计得好的舞服，是舞蹈家美化舞姿、表情达意必不可少的辅助手段。唐代白居易《霓裳羽衣歌》是这样写舞服和舞饰的：“虹裳霞帔步摇冠，钿璎累累佩珊珊”。从中可以看出舞服在表现舞姿和表达感情中所起的巨大作用。无论是早期与巫术纠缠在一起的娱神乐舞，还是后来从巫术中分离出来娱人的乐舞，舞服在同时代的服饰中都属于美妙的精品。

中国古代舞衣的主要特色是长袖、束腰、轻逸，这和中国是丝织品的故乡有关。《韩非子·五蠹》：“鄙彦曰：‘长袖善舞，多钱善贾’”。足见在战国末年，舞衣长袖已成时尚。当然这是指观赏性的女乐而言。舞服袖长，则求多姿，出于审美的目的。许多舞姿是借助舞袖才得以表现的。而长袖只有轻柔的丝织物才能取得挥舞自如、飘逸多姿的最佳效果。从出土文物看，故宫博物院所藏的几种战国玉舞人，以及流至国外的战国对舞玉人佩饰（美国费里亚博物馆）和玉雕舞人（瑞典博物馆）都是长袖纤腰的形象，故宫和瑞典所藏舞人的袖长都约为整个臂长的两倍。

河南南阳汉画石中的舞人图像，舞袖更长得出奇，有的几乎超过臂长的三倍，有的还在长袖中拖出一条更长的绸带。画面共刻9人，左边一女子头梳高髻，身穿长袖束腰衣，正舒广袖折腰而舞，两条特长的袖帛在空中飘绕缠绵，似流云，似彩虹，又好似春风吹拂。旁边另一女子右手执一碗，用左手倒立在酒樽上，一体形矮小的男子，头戴面具，赤裸上身，作滑稽表演。画面右边有四人吹排箫，两歌女正引吭高歌。好一幅欢快的歌舞图，那稍纵即逝的画姿在汉画像石上凝固下来，长袖舞的特色得到充分体现。

历经隋唐五代至宋代，长袖舞服的形象在各类文物中尚陆续可见，但数量相对减少，并且舞袖不像周代、汉代那么长得出奇了。五代、宋的舞袖延伸部分，大约只有小臂那么长。发展到后代，就成了传统戏剧中的水袖。而汉代那种特长袖，大约魏晋以后就演变成为长绸舞了。

东汉傅毅的《舞赋》是我国最早的一篇专门描绘舞蹈之美的文学作品。《舞赋》

图 1 画面中间是个美丽的女伎，挥舞长袖踏盘鼓起舞（歌舞百戏图局部，东汉画像石，河南南阳汉画像馆藏品）

详细地描写了汉代舞蹈家身体的运动特征以及各部位密切配合的动态美，展示了舞者对长袖等服饰高超的运用技巧。

历史上有后妃擅长歌舞邀宠。汉高祖戚夫人“善楚舞”，汉武帝李夫人“妙丽善舞”，赵飞燕能“掌上舞”，北齐后主宠姬冯小怜“工歌舞”，南齐东昏侯潘淑妃能舞“步步生莲花”，至于杨贵妃的《霓裳羽衣舞》更何止名噪一时。她们的一袭舞服，审美价值固然可观，经济价值也是不菲的。

图 2 东汉彩绘陶舞俑（国家博物馆藏品）

图 3 北朝时期舞女俑（北京大学博物馆藏品）

图 4 唐陶俑，穿舞衣的妇女

裙带关系：牵动缭乱的腰带文化

裙带，女子束裙裳的腰带。唐代李端《拜新月》诗："细语人不闻，北风吹裙带"。

腰带与衣服一样，有着古老而又悠久的历史。由于古代服饰通常不用纽扣而是由绳带来固定服饰，因此腰带作为古代服饰必不可少的佩饰，拥有独特的魅力。腰带始名于秦，在服装史中，腰带具有多种形式和不同名称，在各个历史时期还起到不同作用。在礼制社会的古代中国，是区分等级的要素，同时也是服饰美的构成要素，而且还成为传达情感、表达礼仪的重要符号。腰带是服饰文化的重要组成部分。

古代腰带名目繁多。总的来看，可分成两类，一类以丝帛制成，古称"大带"，或称"丝绦"；一类以皮革为之，古称"鞶（pán）革"，或称"鞶带"，即后世所称的"革带"。

（一）大带

大带之制出于商周，《诗经·曹风·鳲（shī）鸠》有这样的句子："淑人君子，其带伊丝"。

大带的系束方式是由后绕前，于腰前打结，丝带束紧腰部后多余的部分下垂，这个部分有个专门的名称叫"绅"，如"缙绅而能不易其志者"（《五人墓碑记》）一句，"缙"即"插"，"绅"意为"带"。"缙绅"就是古代大臣把笏（大臣上朝时拿的手板，用玉、象牙或竹片制成；上面可以记事）插在腰带里，后来称做官的人为"缙绅"。"绅"还可引申为"绅士"，居家的绅士为"乡绅"等，都是从腰"绅"上衍变而来的。

因为材质、织绣纹样等因素，在文字记载中，有关以丝帛制成的腰带名称很多。

因材料不同，种类有：

"素带"：白绢缝制的大带。古代天子、诸侯、大夫用素带。《礼记·玉藻》："天子素带朱里，终辟"。

"练带"：白色熟绢制的带子。《礼记·玉藻》："士练带，率下辟"。孔颖达疏："士用孰帛练为带"。孙希旦集解："愚谓练，白色熟绢也"。唐李贺《春坊正字剑子歌》："隙月斜明刮露寒，练带平铺吹不起"。

"锦带"：锦制的带子。《礼记·玉藻》："居士锦带，弟子缟带"。孔颖达疏："锦带者，以锦为带”。前蜀薛昭蕴《浣溪沙》词：“钿匣菱花锦带垂，静临兰槛卸头时”。明何景明《七述》：“缀以锦带，悬以吴钩”。

妇女的腰带，因织绣纹样，有不同的说法：

“鸳鸯绣带”：一种绣有鸳鸯图案的带子。江总《杂曲》：“合欢锦带鸳鸯鸟，同心绮袖连理枝”。

“凤带”：绣有凤凰花饰的衣带。古代贵族女子所系。唐李贺《洛姝真珠》诗：“金鹅屏风蜀山梦，鸾裾凤带行烟重”。

还有“莲花绣带”“葡萄绣带”等说法。

（二）鞶带（革带）

鞶带是一种皮带，通常以生革制成。以熟皮制成的最简单的皮带被称为“韦带”，“韦”就是“熟牛皮”，没有任何装饰。

革带的系法：在革带顶端的交接之处，一般都缀有一个固定的装置，用时只要相搭即可，不必像丝带那样互相系结。缀在带首的固定装置，大体上也有两种形制，一种作成钩状，称为“钩”，也称“带钩”；另一种作成环状，称“鐍（jué）”，或称“带鐍”。

带钩一物在中国的出现，最早可上溯到西周晚期至春秋早期。只要把带钩勾住革带另一端的环或孔眼，就能把革带勾住。使用非常方便，而且美观。带钩从西周末、春秋初被采用，到魏晋时为带鐍所取代。

所谓带鐍，指的是一种环形带扣，其形或方或圆，考究者附有扣针，用时将皮带伸入扣内，然后插入扣针即可。由于它结扎起来比带钩牢固，所以受到普遍欢迎。三国以后，革带用鐍者逐渐增多，而用钩者却日见减少，最后完全取代了带钩。

最早使用带鐍的腰带叫“钩落带”。这种腰带在战国以前多用于西域，秦汉以后传入中原，亦为汉族所用。《三国志·吴书·诸葛恪传》：“钩落者，校饰革带，世谓之钩落带”。《北堂书钞》卷一二八引晋代张勃《吴录》：“钩落者，革带也，世谓之钩落带”。

在钩络带上，除装有金属搭扣以外，有的还缀上一种牌饰。这种牌饰也以金属为之，上铸镂空纹样，纹样通常作动物形或几何形。考古出土时往往排列在人骨腰间，少则几块，多则几十块，这些牌饰都是钉缀在革带上的一种装饰物。这种装有镂空牌饰的革带，在魏晋南北朝期间，也被称为“金缕带”。不仅用于男子，同时也用于妇女。在唐宋以后的史籍中，常常记载有玉带、金带之类的名称。所谓“玉带”和“金带”其实都是革带，只是在这种革带上附有不同材料做成的牌饰，所以有不同的名称。牌饰用金则称“金带”，用玉则称“玉带”。另有“银带”“犀带”及“角带”等名目，都是根据这些牌饰的不同质料而命名的。"犀带"即饰以犀角的腰带，"角带"是以角为饰的腰带。

金缕带的进一步发展，就成了蹀躞带。蹀躞带与金镂带的区别，主要在牌饰上。金镂带上的牌饰，一般多用于装饰，蹀躞带上的牌饰，则兼有实用价值。在这种牌饰的下端，往往还连着一个铰链，铰链上衔接着一个金属铸成的小环，专用于系佩刀、剑、磨刀石等物。这种北方民族所特有的生活方式，大约在两晋南北朝时期传入中原，也为汉族人民所接受。尤其是一些武士，更喜欢作这种装束。唐以后还形成了一种制度，不论文武官员，都要系束这种腰带，腰带上的什物多达 7 种，名为"蹀躞七事"。

图 1 复原之后的蹀躞带（吉林省博物馆藏复制品）

图 2 胡服女子线刻画，唐，陕西西安韦顼墓。戴浑脱帽，翻领胡服，革带上佩带"蹀躞七事"

金缕带发展的另一支是"笏头带"，与蹀躞带不一样的是，不在牌饰下用小环，而其带尾制成"笏头"的形状，所以称"笏头带"。多用于汉族。

带鐍虽然是革带上的一种装置，但有时也可用于丝带。这种丝带与丝绦不同，它是以丝织物织成的一种宽阔的腰带。史籍中常见有"绲（gǔn）带""织成带"等名称，就是指这种腰带。如《述异记》称："祖欣见形诣僧荣沈床上有一织成宝饰络带"。《东观汉记》："郑（邓）遵破匈奴，于是上赐金刚鲜卑绲带一具"。在这种绲带及织成带的首部，就缀有一个金属带鐍。

古代等级制度中的上层社会，会根据政治与文化制度需要，既赋予服饰以强烈而繁琐的政治色彩与功能，同时又极力讲究合乎上层社会政治和文化审视规范的美。因此，继承一定的传统美饰，创造新时代的美饰，是每一个时代的不断追求，体现在腰带的美化上，就是以精美而质朴的制作工艺、相应的装饰物来实现其审美的功效，达到款式美、纹样美、材质美和技艺美的高度和谐统一。使腰带除了具有实用、标识作用，同时还具有极高的装饰作用，蕴涵丰富的文化信息。

古代妇女在腰带上挑花刺绣，或者配有带扣、环、流苏等各种相应饰物，用腰带来美化自己。

南北朝时期的妇女服饰中腰间加以束带，它与革带区别之处为腰带柔软而长，一般在腰间绕一、两圈之后再行打结。腰带长且能系漂亮的结式，并有飘逸的带尾，使女性服饰显得更加妩媚动人，起到了很强的装饰效果。

在唐代，妇女常服中腰带又以束带为主，以柔软绵长、缠绕花结为美。

明代妇女的腰带上少不了长穗、佩玉等，往往挂上一根以丝带编成的"宫绦"，一般在中间打几个环结，然后下垂至地，有的还在中间串上一块玉佩，借以压裙幅，使其不至散开影响美观。

清代妇女所束腰带多在上衣内，较窄，用于编结而下垂流苏。后改长而阔的绸带，系于衣内而露于裤外，成为一种装饰品。颜色浅而鲜艳，一般垂于左边，带下端有流苏、绣花或镶滚。

"裙带关系"，出自宋代赵升《朝野类要》卷三："亲王南班之婿，号曰西宫，即所谓郡马也，俗谓裙带头官"。比喻妻女、姊妹的亲属。指相互勾结攀援的妇女姻亲关系，多含讥刺意。

图 3 鎏金铜带头（元）

我国历史上裙带关系为何很严重？这是中国特有的文化和社会关系造成的。从氏族社会到封建社会，都是沿袭"家""国""天下"的轨道发展。在群体冲突中，当然是家族的利益是一致的。中国人还讲尊师，于是官场上师生、同学、同年，自然是一派，而重乡土，同乡也是一派。裙带关系是中国文化特有的一个现象。

魏晋风度

面如傅粉:展现魏晋男性美容现象

"面如傅粉"出自南朝宋刘义庆《世说新语·容止》:"何平叔美姿仪,面至白;魏明帝疑其傅粉。正夏月,与热汤脤(shèn)。既啖,大汗出,以朱衣自拭,色转皎然"。

何晏,史书中记载他好美容修饰、傅粉施珠,任何时候粉帛都不离手,因而面色异常白洁,魏明帝即认为这是其傅粉过度的缘故,于是大热天请他吃汤饼(面片汤)。何晏吃得大汗淋漓,就用红色的衣袖擦汗。结果,脸上白里透红,更为容光焕发。

这个例子说明,当时男子化妆风气盛行,否则魏明帝不会有这样的想法。

魏晋时期是我国历史上一个特殊的历史阶段——在终结了自秦始皇统一以来近五百年的一统天下之后,又出现了长期分裂的局面。该时期产生并兴盛起来的玄学,促使了人们审美情趣的转变。魏晋玄学在理性的原则和尺度下,用全新的视角去重新审视客观自然、社会和人本身,人和自然因此展示出真正独立的价值和意义。玄学在自然人性方面的思想和观念相比前人有着长足的发展,文人阶层获得空前的舒张个性的机会,他们以率性而动的行为方式冲击、否定传统礼教的同时,深切地感到了前人视而不见的人性之美和自然之美。

这种反传统的思想观念一旦形成,就必将以外化的形式表现出来,而其表现形式也就在服饰与妆容上体现出来,因而男子的着装与美容都发生了巨大的变化。

此时,男性很注意用化妆的手法来美化自己,尤其是处于社会中上阶层的男性,更是注重自己的外在形象,重视面貌的展示以及个人气质的体现。

当时许多名士追求的是女性化的美,他们讲究化妆,脸上涂脂抹粉,身着华美的衣服。以上流社会的男性为主体,上至帝王贵族,下到文学家、哲学家,几乎人人如此,有些甚至还到了不化妆就不见人的地步,像前面已经提到的何晏即是如此。

从外在看,他们外表的美几乎可以与女子相提并称,而又有着由内散发出来的洒脱飘逸的气质,两者完美的结合,使魏晋时的男子出现了有别于任何其他历史时期的风韵气度。而这些例子在《世说新语》中有颇多的记载,还有对其姿态的形容,更是不胜枚举。如"时人目王佑军,飘如游云,矫若惊龙"。魏明帝使后弟毛曾与夏

图1　王羲之画像

侯玄共坐，时人谓"蒹葭倚玉树"。嵇康身长七尺八寸，风姿特秀。见者叹曰："萧萧肃肃，爽朗清举"或云"肃肃如松下风，高而徐引"。"潘岳妙有姿容好神情。少时挟弹出洛阳，妇人遇者，莫不连手共萦之"。王右军见杜弘治，叹曰"面如凝脂，眼如点漆，此神仙中人"。有人叹王恭形茂者，云："濯濯如春月柳"。王戎云："太尉神姿高彻，如瑶林琼树，自然是风尘物"。

不过从史书记载看来，这样的化妆也多是出现在上层社会的名士中间，而民间几乎不见这类事例。

当时的男子除喜欢傅脂抹粉外，还喜欢在衣服上熏香。魏晋之际，这种熏香的风气在士族中普遍传开，随身佩带香囊的也十分普遍。"谢遏年少时，好着紫罗香囊，垂覆手"(《世说新语・假谲》14)。

魏晋男性化妆有其积极和消极两面性。积极因素是他们打破传统思想观念的束缚，勇于追求与展示自身的美，成为旷达开放的魏晋风度的形象化体现，也展示了自己的人生观与价值观。他们给后世较大影响，追求潇洒、风流、飘逸的外在美和旷达开放、不被世事束缚的内心世界完美的结合，承袭了道家传统思想中的"道法自然"的人的个性张扬的一面，诠释了作为人的自由、逍遥的人生态度。消极的一面是由于过渡追求美、白等，导致审美的病态，进而给人一种性别错位的感觉，男子缺乏了阳刚之气而尽显女性的阴柔，也折射出他们内心信仰在动荡不安的社会中的破灭，是一种近乎病态的心理现状的体现。

图2　东晋顾恺之《斫琴图》(局部)

后以"面如傅粉"形容男子美。

龙章凤姿:反映魏晋人对仪容美的追求

“龙章凤姿”语出南朝宋刘义庆《世说新语·容止》刘孝标注:“康长七尺八寸,伟容色,土木形骸,不加饰厉,而龙章凤姿,天质自然”。章:文采。蛟龙的文采,凤凰的姿容,比喻风采出众。

嵇康是中国古代少有的美男作家,精通文学、玄学和音乐,同时英俊潇洒,别人形容他是“龙章凤姿,天质自然”。史称嵇康“身长七尺八寸,风姿特秀,见者叹曰:‘萧萧肃肃,爽朗清举。’或云:‘肃肃如松下风,高而徐引’”。最有说服力的故事是,某次他去森林里采药,竟被樵夫误以为仙人下凡,其风姿可窥一斑。

图 1 嵇康

魏晋时期,随着人物品评活动的广泛兴起,讲究仪容是士大夫为得到较高评价的重要手段之一。当时关于品评名士仪表美的名堂不一而足,且《世说新语》还专门有《容止》一篇与德行、谚语、政事、文学并列。“容止”指容貌、举止与孔门四科并驾齐驱,可见当时对人物仪表姿容的重视和追求。

魏晋人对仪容美追求重视人物的神态美。如要求神态的“神明开朗”“神意闲畅”“神色恬然”“神姿高彻”,美男子潘岳被称为“妙有姿容,好神情”。在许多场合,一个人的“神”比“貌”还重要,有的人貌不惊人却炯炯有神,因而获得好评,比如庾子篙“长不满七尺,腰带十围”,但仍能精神矍铄,从容自如,得到人们的好评。王戎虽然身材矮小,可是人们却称赞他“眼烂烂如岩下电”。魏晋的神态美在于展现不滞于物的自由精神,为一种心理上的美。这样的美重视人物的神情气度,可以使人超然于生死祸福之外:

裴令公有俊容姿,一旦有疾至困,惠帝使王夷甫往看。裴方向壁卧,文王使至,强回视之。王出,语人约:“双眸闪闪若岩下电,精神挺动;体中故小恶”(《容止

10》)。

此则言裴楷虽病重,但姿容俊秀。双眼炯炯有神;故王衍知道他的病只是暂时伤了他的身体,尚未损害他的精神,仅是小病而已。"玉人"之称,当不仅仅止于貌,更重于神。想来,裴楷的美是如玉般的温润雍容,他的风采,亦如玉般清修高洁,虽起于容貌,却真正焕发自他的才华、气度和修养。

人们常用"貌似潘安"来夸赞一个男人的美貌,潘安俨然成了千古美男的代言人。那么他到底是个怎样的人?他又美到什么程度呢?

图2 明版画,掷果盈车

史书上直接说潘安长得漂亮的就三个字——"美姿仪"。他自然是外貌又好,气质又好。虽说书上并没有详细记载潘安到底五官如何、身高几尺,他的美貌却是件毋庸置疑的事情,因为在那时候他就已经有了一批死忠的"粉丝"了。《世说新语》中记载,潘安每次出去游玩的时候,总有大批少女追着他,那绝对就是个追星的架势。追着潘安的一批批少女又是给他献花,又是给他献果。潘安每次回家的时候,都能够满载而归,这也就成为了"掷果盈车"这个典故的由来。

魏晋人赋与仪容美以独立的意义,仪容美在他们的眼中具有征服力,可以征服嫉妒、消解敌意,甚至升华人的心灵。

消解敌意的力量。政治上的敌对情绪,竟被对手的美好容貌所融化,这在任何国家的任何时候,都是难以想象的。东晋苏峻之乱,庾亮有不可推卸的责任,大将军陶侃认为就是杀了他也不足以向天下的人谢罪,但一见庾亮"风姿神貌"便"谈宴竟日,爱重顿至"(《世说新语·容止》)。有一天,温峤劝庾亮去见陶公,庾亮犹犹豫豫不敢去。温峤说:"傒狗我了解他,你只管去见他,肯定没事。"庾亮相貌出众,风采夺人,陶公一见到他就改变了态度,和他畅谈宴饮了一天,马上喜欢并看重他了。

冲破礼教束缚的力量。一群妇女郊游时被美男子潘安所迷,见到男子貌美时也很坦率她们全然没有害羞之意,牵手相围,纷纷向他投以瓜李——"潘安妙有姿容,好神情,少时挟弹出洛阳道,妇人遇者莫不连手共萦之"。这里一扫儒家"色欲祸水"的观点,没有男女大防之设,没有虚伪的礼仪,也没有淫邪之念,只有审美的愉悦。当然,左思相貌极丑,也想学潘安出游,只能被妇女们吐口水,一身狼狈的回家。

增添身价的力量。在那个当时，一副美妙的仪容，足以使自己身价倍增，令人望而畏却三分。庾长仁（庾统）和几个弟弟来到吴地，他们要在客栈住宿。几个弟弟先进去，见满屋的百姓，没有一个起身回避的。长仁知道后说："我去试试看"。就拄着拐杖，领着个下人去了。刚进门，客人们一见他的风度仪表，就马上躲开了。

曹操把容貌看成是国家间政治斗争的手段之一，当匈奴使者到来时，曹操因自惭"姿貌短小"不足以震慑来使，就自己扮演成一个卫士提刀立于床头，请伟岸英俊的崔琰替代自己接见使者，而当这套把戏被看破，便又杀人灭口。

粗服乱头：一种依托文化背景的服饰反叛运动

“粗服乱头”语出南朝宋刘义庆《世说新语·容止》：“裴令公有俊容仪，脱冠冕，粗服乱头皆好。时人以为玉人。见者曰：‘见裴叔则如玉山上行，光映照人’”。意思是说：裴令公容仪俊秀，即使摘去官帽，穿粗布衣服，凌乱着头发，还是好看。当时的人把他称为“玉人”。见过他的人都说：“裴叔则就像在玉山上行走，光彩照人。

“粗服乱头”后指衣服粗劣，不修边幅。而魏晋时期“竹林七贤”的粗服乱头风貌则是一种自觉的服饰美学追求。

图 1 《竹林七贤与荣启期》，南朝大墓砖画。由上至下，左至右分别为春秋隐士荣启期、阮咸、刘伶、向秀、嵇康、阮籍、山涛、王戎

“竹林七贤”是指魏末晋初的七位名士：阮籍、嵇康、山涛、刘伶、阮咸、向秀、王戎。他们在生活上不拘礼法，清静无为，聚众在竹林喝酒，纵歌。“竹林七贤”一词最早出现在《世说新语·任诞篇》中，文中说阮籍、嵇康等“七人常集于竹林之下，肆意酣畅，故世谓‘竹林七贤’”。他们率性而为、冷眼世事、逃避现实、借酒消愁，开始寄情于老庄，他们以放达不羁的行为来表达内心的愤懑，以深远缥缈不干世事的言

语来逃避可能的杀身之祸。表现在装束上则是袒胸露臂，披发跣足，以示不拘礼法。

嵇康于众目睽睽之下坦然裸态装身。刘伶解衣而饮，以屋室为衣裤与客人抗辩。阮籍叔侄的放浪行径成为街谈巷议的话题："世人闻叔鸾与阮嗣宗，傲俗自放，或乱项科头，或裸袒蹲夷，或濯足于稠众"。

竹林七贤的粗服乱头风貌，引起了上流社会文人士大夫的追踪模仿："谢遏与王澄之徒，摹竹林诸人，散首披发，裸袒箕踞，谓之八达"(《魏晋记》)。散发、箕坐是直接违背儒家礼教的，魏晋士人故意为之，以示不拘礼法，傲俗自放。阮仲容见邻院晾晒绫罗绸缎、阔衣大袖，自己穷无以晾，便以竹杆将大裤头高悬院中以互相映衬。边文礼随意颠倒衣裳去见新到的官员。谢遏光着脚板不穿外衣来迎接权高位尊的宰相，王羲之袒腹露脐躺在门口东床迎接选婿者，又恰恰因此中选……。

汉朝立国四百年后，经过三国鼎立，两晋王族之争，"五胡十六国"的战乱和民族大迁徙，形成了魏晋南北朝时期的胡汉杂居，南北交融。来自北方游牧民族和西域国家的异质文化与汉族文化相互碰撞、相互影响，使中国服饰文化进入了一个发展的新时期。

魏晋时期礼法观念的淡漠，使人们在服饰上获得了较大的自由，使服饰的款式层出不穷。尽管如此，时代文化风尚的渗透还是决定了魏晋服饰的一个基本走向。据史料记载，从三国后期到晋末，衣服之好是从上长下短，转而为上短下长，最后是衣裳博大。这个时期，衣衫是朝着宽大、舒适的方向发展的，并一直延持到南朝。

宽衣博带、大冠高履是由当时的社会思潮和时代风尚决定的。魏晋人尚虚无、重旷远、放达，宽大的衣服正可以表现出这样一种玄远、高逸的气质。如竹林七贤，其深沉讥世、放荡不羁的形质大多借力于或袒露上身，或宽衫大袖的着衣方式。服装款式与七贤的玄远气质，达到了完美的和谐。这种说法常被认为是魏晋服饰风格的主流。粗服乱头、宽衣博带的浪漫超脱境界是魏晋服饰风度的主流，在士人的衣着和生活方式中留下了深刻的印痕，曲折地反映了他们对现实社会的不满与反抗。

竹林七贤等人的服饰行为是一种自觉的追求，一种明确的美学憧憬，一种有文化背景与依托的服饰反叛运动。

裙屐少年:记录消失在历史深巷的男子裙装

裙装在我国已有三千年历史,中国古代男女服装没有多大区别,男女都穿裙子。

《辞海》释“裙”:“古谓下裳,男女通用”。

从考古资料来看,夏商周时期,中原华夏族的贵族主要采用上衣下裳制。上衣曰“衣”,下衣曰“裳”。裳,又写作“常”。《说文》:“常,下帬(裙)也。帬,下裳也”。这说明裳就是裙。

例如《诗经·邶风·绿衣》:“绿兮衣兮,绿衣黄裳”。又如《诗经·东方未明》:“东方未明,颠倒衣裳”。这里的裳,都是指下衣。《诗经·豳风·七月》:“八月载绩,载玄载黄,我朱孔阳,为公子裳”,这里就明确说是为公子做裙子。

古代的裙子与现代有所不同,类似围裙的形状。

春秋战国时期,出现一种名为“深衣”的新型连体服饰,它同当代的连衣裙结构类似,上衣下裳在腰处缝合为一体,领、袖、裾用其他面料或刺绣缘边。深衣的出现,改变了过去单一的贵族服饰样式,故此深受人们的喜爱,不仅用作常服、礼服,且被用作祭服。至此,形成了我国传统服饰的两种基本礼服——上衣下裳制和深衣制,而上衣下裳制要比深衣制等级高。一般平民百姓由于等级制度和生活水平的限制,也为了方便劳动,只能穿窄袖贴身的短打。

今日目所能及的我国最早的古代实物裙,为湖北江陵楚墓出土的单裙,其时代约为战国晚期。秦汉时期,裙是宫廷中那些须眉大臣们上朝见驾的必备服饰之一,故官宦多着黑色禅衣长裙,此裙正名为“朝裙”一直沿袭到清朝。秦汉时期,一般百姓亦有穿裙的,但劳作时要将裙掖在腰间带下,又称之为“缚裙”。春夏两季,还有穿短裙的,裙长及膝,通常以渔民或农夫居多。

秦汉时期最著名的莫过褶裙。据《西京杂记·赵飞燕外传》记载:西汉成帝刘骜的皇后赵飞燕很爱穿裙。一次,穿着云英紫裙与成帝同游太液池。当她在鼓乐声中高兴地翩翩起舞时,忽然狂风大作,赵飞燕像风筝一样被吹起来。刘骜慌忙命侍从拉住她的裙子,皇后获救了,但裙子被拉成许多皱纹,皇后极为惋惜。此时,刘鹜和同游的大臣们惊奇地发现还是皱纹的裙子更美丽好看。从此，皇妃宫女们竞相仿效，故意把裙子折叠出许多皱纹后再穿，以讨成帝的欢心。这就是百褶裙的起源。

魏晋时期，妇女穿裙十分流行，而且以羊肠裙为尚。所谓羊肠裙，裙褶卷曲摩缩如羊肠故得其名。此外，当时还兴穿绛纱复裙、丹碧纹双裙和紫裙纱纹绣缨双裙。从此开始，上衣和裙子逐渐分离，裙子上口齐胸高，裙摆长而垂地，并于腋下绕胸结腰，花色品种不再单一化。

南朝，妇女中流行裥裙。其裙身由两种或两种以上颜色的裙料拼接而成。稍后，裙子又成为当时男性的时髦衣着。《北史·邢峦传》曰："萧深藻是裙屐少年，未治政务"，说的是当时那些纨绔子弟以穿裙和木鞋为时髦，只会修饰打扮，不知读书上进，非成器之才，无可造就。

束裙着屐是当时盛行的装束。裙屐少年，原指六朝贵族子弟，后泛指大家子弟。营造了一代裙屐风流。

隋唐时，由于男子有了裤和袍，裙子便成为妇女的专用服饰。

后世，也有山区农民和沿海渔民用家织土布做成围裙，围于腰间，挡风防污，适应于劳动之用，男性也常用。

图 1　19 世纪 20 年代毛蓝布围裙（宁波服装博物馆藏品）

不修边幅：一种风度和气质的特殊美学观

《后汉书·马援传》："公孙不吐哺走迎国士，与图成败，反修饰边幅，如偶人形。此子何足久稽天下士乎？"。

上面说的是古代有个叫马援的人，见自己同乡公孙述在成都称帝，便去看望他。谁想，公孙述摆出不可一世的帝王架子，由礼仪官赞礼，带领马援上殿行礼，再领他退下住进驿馆，还替马援做了一身特制的朝拜皇帝用的朝服。一切准备好了，公孙述才举行盛大朝会，他坐在御辇上，由宫女、侍卫簇拥着，两旁武士警戒森严，接见布衣之交的马援，仪式十分隆重。马援暗自说道："天下还未定，只知修饰边幅摆架子，打扮得像殉葬木俑一样，怎可和他共事？"此即"修饰边幅"来历。

"边幅"本指布匹边上毛糙的地方。卖布的商人常用剪刀将布匹的毛糙的边幅修剪齐整。缝制成衣的裁缝常将飞出布丝的边幅，用细密的针脚缉缝，以达美观结实目的。不过，现在"边幅"一词常指人的衣履外貌了，比如"修饰边幅"和"不修边幅"都是成语，已和布匹毛糙之边无关，前者指修饰外貌；后者指不注意衣服和容貌的整洁了。

"不修边幅"常见人们用其形容衣着随便，甚至穿戴不整洁而且邋遢的蓬头垢面之人。

但此成语很特别，本是贬义之词，却常在形容某些艺术家的时候，变成了褒义词。是说这人只注重钻研技艺，不修饰自己外貌反而有另一种风度和气质。这种特殊的美学观虽非人人接受却确实存在。

比如伟大的爱国主义者、诗人、学者闻一多先生，是出了名的"不修边幅"，却是一身诗人气质和学者风度，这当然与个人的涵养与修炼有关。

1930年8月，当时还在上海的闻一多接到了国立青岛大学校长杨振声的邀请，要他出任国立青岛大学文学院院长兼国文系主任。闻一多为中文系开设了《唐诗》《名著选读》等课程，为外文系开设了《英诗入门》。在学生的眼里，闻一多身材瘦削，叼大烟斗，穿普通长衫、布鞋，戴黑边眼镜，头发凌乱，一身诗人气质和学者风

度 。而这位学者极为珍惜光阴，甚至连到外购物都视为畏途。生活中常常不修边幅，头发也几天顾不上梳。青岛文史专家鲁海先生曾提到一个细节：闻一多最怕买鞋，他的鞋子如果穿破了，他会先穿他厨师的鞋子，然后请厨师为他代买一双千层底的布鞋。

图 1 闻一多先生

服饰功能

振衣提领:揭示汉服领子的作用

传统汉服的衣领种类主要有“直领”“交领(斜领)”“圆领”等形式。

成语“方领矩步”语本《后汉书·儒林传序》:“建武五年,乃修起太学,稽式古典,笾豆干戚之容,备之于列,服方领习矩步者,委它乎其中”。李贤注:“方领,直领也”。《后汉书·马援列传》:“勃衣方领,能矩步,辞言娴雅”。李贤注:“《前书音义》曰:‘颈下施衿领正方,学者之服也’”。由上述李贤注知道,这里的“方领”就是衣服领子的一种,即“直领”式,是领子由颈后沿左右绕到胸前,平直地直垂下来。“方领矩步”指方形的衣领,规矩适度的步子。“方领”是上等之服,也是儒者之服。指古代儒生的服饰和仪态,亦借指儒生。相关成语还有“方领圆冠”,意为方形的衣领和圆形的帽冠,为古代儒生的服饰。“黼(fǔ)衣方领”指华贵的服饰,借指王公显贵。

另一种领式是交领,交领领型为斜长方型,下连衣襟。其领口成三角形,胸腹部分的正面分成左右两片,一片大一片小。穿的时候大的一片用带子或纽扣固定在小的一片上面。古代华夏族人的上衣,胸腹部分的前面大的一片总是固定在右部腋下,这种着装方式叫“右衽”,少数民族多为左面开襟。成语“披发左衽”语出《论语·宪问》:“微管仲,吾其被发左衽矣”。指的是古代四夷族人的着装,含有落后、不开化之意。交领使用很广,周秦冠服多为此领式,此后历代沿袭,几乎所有的公服、襕袍、小衫、外衫、宽衫、罗衫、皂衣、中衣等服装都用这种领式。且官民皆服,男女通用。交领服装的颈领部分宽松自如,穿着方便。领线旁多镶有宽幅的缘边,并常常装饰襕边花纹。

还有一种衣领是圆领,也叫团领,圆领在隋唐以后成了汉族服饰的一个标志,男女均服用。用于女装,初为小襦领形,与紧身窄袖的款式相配,非常适合女子体形,故无论是宫廷嫔妃,还是民间女子都很喜爱。

在衣服的制作中,领是另加部分,起着装饰作用,功能上,有带和引的作用,只要提起领子,整件衣服就可以完整顺当地提起来,随着衣领的逐渐成熟,它也就逐渐成为服装上至关重要的一个部位,也就有了以下成语:“提纲挈(qiè)领”,语出《荀子·劝学》:“若挈裘领,拙五指而顿之,顺者不可胜数也”。《韩非子·外储说右

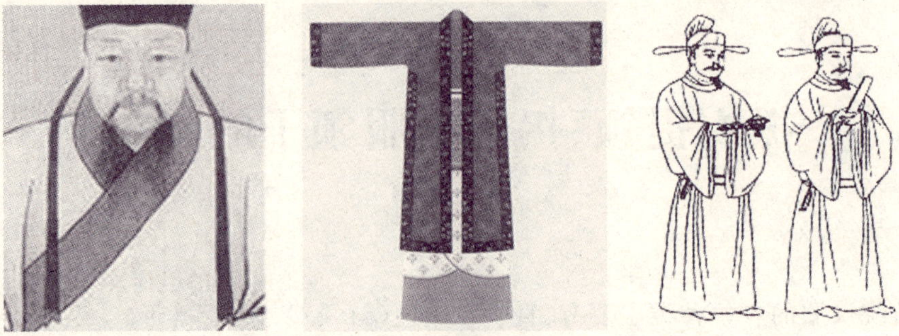

交领　　直领　　圆领

图1　传统汉服的衣领种类

下》:“善张网者引其纲,不一一摄万目而后得”。拎住皮衣的领子,提起鱼网的总绳。后以“提纲挈领”比喻抓住事物的关键,或把问题扼要地提示出来。“振衣提领”,“振衣”,指提起衣服。要提起一件皮衣服,必须拎住衣领。也比喻抓住问题的关键。蔡东藩《唐史演义》第一回:“本回是一个开场白,理应将唐朝本末,总揭一段,譬如振衣提领、张网握纲一般”。“不得要领”,“要”,即腰,指衣腰;“领”指衣领。古人上衣下裳,提上衣时拿着衣领,提下裳时拿着贴腰部分。“要领”比喻关键,而“倒裳索领”则比喻办事抓不到要点。

服装基本都是以领袖以及襟组成。“衣”字的甲骨文构形,就像衣服之形。上部的“人”字形部分就是衣领;两侧的开口处就是衣袖,中间是交衽的衣襟。

衣服上的领口和袖口,这两个部位因为与皮肤直接接触摩擦,容易起毛破损,所以古人在制作衣服时,领口和袖口都是单独用料的,并镶边,有时还有“护领”。清代褚人获《坚瓠八集·跳月记》:“衫襟领袖,悉锦为缘”。北宋苏轼《东川清丝寄鲁冀州戏赠》诗:“但放奇纹出领袖,吾髯虽老无人憎”。因此在人们眼中,这两处是既高贵又醒目。另外,古人穿衣服很讲究衣领与袖口的式样大小,设计讲究的领口和袖口,穿戴后给人一种堂堂正正的印象。

在衣服的制作中,领和衣袖是另加部分,起着装饰作用。功能上,二者有带和引的作用,如成语“提纲挈领”“长袖善舞”。在古人的眼中,领和袖既突出醒目,又庄重严谨,具有表率的作用。由于“领 ”和“袖 ”在整件衣服中的重要作用,所以便产生了“领袖”一词,后来人们把它引申比喻为同类人中的杰出者,团体中的核心角色。

袖里玄机:记录汉服衣袖的秘密

宽大的衣袖是汉式服装区别于其他民族服装的最大特点。基本有“大袖”“琵琶袖”两种。

“大袖”也叫“宽袖”“广袖”,以袖幅宽大而著称。大袖的袖身与大身连为一体,袖口宽几乎接近袖长。袖口及上侧用直线,内侧自腋下至袖下端为弧线,两手下垂时,袖可着地。袖口有缘边,也可缀纹饰。汉时有童谣:“城中好高髻,四方高一尺。城中好大眉,四方眉半额。城中好广袖,四方用匹帛。”这是“广袖高髻”的出处,其意思是长安城里妇女流行梳高髻,从四周看有一尺高度;女人流行画眉,额前显得既光滑明亮又平坦;流行宽大的袖衣,所使用的材料很多。

“琵琶袖”,用于深衣等服装上的袖式。其造型大袖小口,腋部较窄,形状似琵琶,故名琵琶袖。袖体臂肘以下似牛颈下垂处呈圆曲、宽大之形。袖端明显缩敛部分较窄。琵琶袖的袖体呈弧形,方便臂肘伸屈,袖口收紧后便于日常活动。

古时称袖身为“袂”,称袖口为“袪”,成语“张袂成阴”“接袂成帷”等即是对这种宽衣大袖的形容。“张袂成阴”语本《晏子春秋·杂下九》:晏子使楚见楚王。王曰:“齐无人耶,使子为使?”晏子对曰:“齐之临淄三百闾,张袂成阴,挥汗成雨,比肩继踵而在,何为无人!”

“张袂成阴”:张开袖子能遮掩天日,成为阴天,形容人多。“接袂成帷”:“袂”,衣服袖子;“帷”,帷帐,帷幕。衣袖连接起来可以形成帷幕,形容人口众多,城市繁华。

1975 年,福建省博物馆在福州浮仓山北坡发掘了南宋黄昇(南宋淳佑三年,即公元 1243 年)的石塘墓穴,出土了南宋时期女式衣饰、衣料、被褥等丝织品共 354 件,在这次墓葬出土的丝织品中,有一件绛黄色罗镶花边的宽袖大袍最为引人注目。该袍服身长过膝,长度有 120 厘米,通袖长 182 厘米,腰宽 55 厘米,袖宽 69 厘米,袖口宽 68 厘米,下摆有 61 厘米宽,用印金或彩绘花纹作为镶缘,其中印金的镶边宽 2 厘米,大襟彩绘边宽 1.8 厘米,领缘宽边 2 厘米。因其袖子极大,相当于袍长的一半,《宋史·舆服志》谓之“大袖”,因而,又被称做“广袖袍”。此类大袍是后妃及命妇在隆重仪式上穿着的一种礼服，宋代贵妇平时所穿的则是袖子较小的窄袖袍。

肥大的衣袖还有一个作用就是兼作衣袋，把东西往衣袖里一塞，用手捏住袖口东西就不会掉出来。汉式服装的衣袖可以放更多的东西。

古时有个著名的孝子——陆绩。陆绩，字公纪，吴郡吴人，东汉末年孙权麾下官吏，官至郁林太守、偏将军，为《二十四孝》中"怀桔遗亲"的主角。

图 1　怀桔遗亲

陆绩当时是个六岁的小娃娃，去赴宴时大家都夸他聪明，后来他起身时，袖子里却滚出三个橘子，当时主人袁术对他说："陆郎作宾客而怀橘乎？（陆郎（陆绩）你作为宾客，但却私下收起橘子？）"就问他拿橘子放袖子里干吗，陆绩跪下回答："欲归遗母（我想拿给回家给母亲吃。）"。从这以后，陆绩就成了著名的孝子，《二十四孝》诗曰："孝顺皆天性，人间六岁儿。袖中怀绿桔，遗母事堪奇"。

还有一个唐太宗李世民大袖子的故事。贞观二年（公元 628 年），唐太宗得到一只上好的鹞鹰。一天，太宗正把鹰放在手臂上把玩，忽然，远远看见魏徵进宫来了，太宗慌忙把鹞鹰藏到龙袍的大袖子中。等魏徵絮絮叨叨地说完话走后，袖子里的鸟儿早就憋死了。这个故事在《资治通鉴》中是这样记述的："上尝得佳鹞，自臂之，望见徵来，匿怀中，徵奏事固久不已，鹞竟死怀中"。

而"两袖清风"则是指衣袖中除清风外，别无所有。比喻做官清廉。出自元代陈基《次韵吴江道中》诗：

两袖清风身欲飘，杖藜随月步长桥。

于谦是明朝著名的民族英雄和诗人。他二十四岁中进士，不久就担任监察御史。明宣宗很赏识他的才能，还破格提升他为河南、山西巡抚。明宣宗去世后，太子朱祁继位，为明英宗。当时外省官员进京朝见皇帝或办事，都要贿赂朝中权贵，否则寸步难行。于谦从外地回京时，他的幕僚建议他买些蘑菇、绢帕、线香等土特产孝敬。于谦甩了甩两只宽大的袖管，说："我就带两袖清风！"回到家里，他写下了《入京》诗。

明代于谦《入京》诗：

绢帕蘑菇与线香，本资民用反为殃。
清风两袖朝天去，免得闾阎话短长。

袖子挥动表示动感、情绪。“拂袖而归”表示意志已决，指毫无留恋，回到家乡归隐。元代周文质《斗鹌鹑·自悟》套曲：“您都待重裀而卧，列鼎而食，不如我拂袖而归”。“摆袖却金”比喻为人廉洁，不受贿赂。出自唐代韩愈《顺宗实录》：“执谊为翰林学士，受财为人求科第，夏卿不就应乃探囊中金以内夏卿袖，夏卿……摆袖引身而去”。“拂袖而去”，愤怒的时候，有个大袖子可以甩。南朝宋刘义庆《世说新语·方正》：“王子敬数岁时，尝看诸门生樗蒲，见有胜负，因曰：‘南风不竞。’……子敬瞋目曰：‘远惭荀奉倩，近愧刘真长。’遂拂袖而去”。还有“奋袂而起”“投袂而起”的热情，也有置身事外的“袖手旁观”的冷淡。

“袖里玄机”解释为袖里藏有奥妙的道理，指暗中采用的玄妙谋略。

充耳不闻:折射服饰的警示功能

“充耳不闻”出自《诗经·邶风·旄(máo)丘》:“叔兮伯兮,褎(yòu)如充耳”。

“充耳”是最早出现的耳饰,又叫“珥”,是古时男女共用的佩饰。

珥是由珰和坠珠两者组成。有横贯全身的细孔,可以穿线,用来系一珠或一耳坠子。珰的形状作滑车或绞盘状,也有作蘑菇状的。

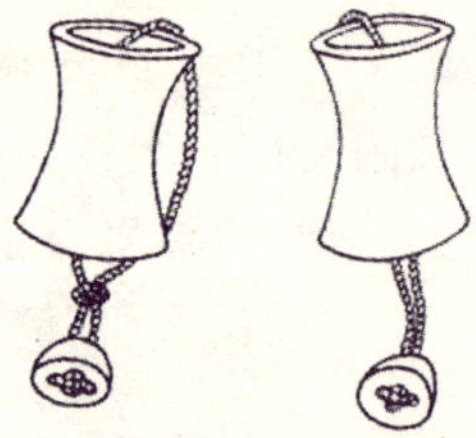

图1　耳珰(一)

《苍颉篇》:“珥,珠在珥也”。耳珰垂珠者曰珥。按,玉之似珠圆者。《后汉书·舆服志下》:“珥,耳珰垂珠也”,简而言之,就是系有坠饰的耳珰。

珥在古代也称“瑱”,《说文解字》:“瑱,以玉充耳者”,又说:“珥,瑱也”。

男子的瑱则多称为“充耳”“纩”。女子的瑱,较有特色的则是“簪珥”,将悬有瑱的丝绳系于发簪之首,插簪于髻,悬于耳际。

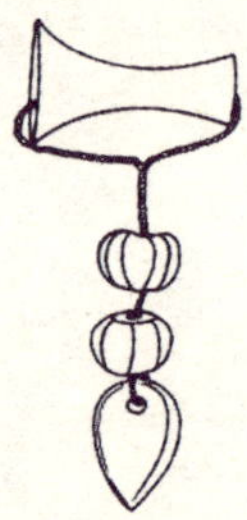

图2　耳珰(二)

瑱作为一种垂饰,有两种佩戴方法,一种是从祭服冠帽左右两方的衡笄用紞(dǎn,丝绳)垂挂于两旁正当耳孔之处,另一种是直接垂于耳上。

因为瑱一般都悬在冠(发髻)两侧,悬垂在耳际。因此被赋予了一种“虚心听取意见”的礼义。刘熙《释名·释首饰》云:“瑱,镇也。悬当耳傍,不欲使人妄听,自镇重也。或曰充耳。充,塞也。塞耳亦所以止听也”。佩戴充耳之义,告诫人们要有所闻,有所不闻,求大德不计小过,言行举止要谨慎,有彰显自己德行之功能。尤其提醒戴冕冠的天子有些话要“充耳不闻”。

冕的结构为头上一块板子,前后各垂十二“旒”,两边还各垂两根珠子,刚好到耳朵的位置,到汉代就演变成了两根飘带。这一设计很有寓意。前后垂“旒”,是告诫皇帝有些事要“视而不见”,耳边垂下的珠子,就叫“充耳”,寓意是提醒皇帝切忌听信谗言。一个身为领袖的人，必须洞察大体而能包容细小的瑕疵。后世的“充耳不闻”一语，即由此而来。

于是有了“以规为瑱”这一成语，出处在《国语·楚语上》：“赖君用之也，故言。不然，巴浦之犀牦兕象，其可尽乎！其又以规为瑱也”。

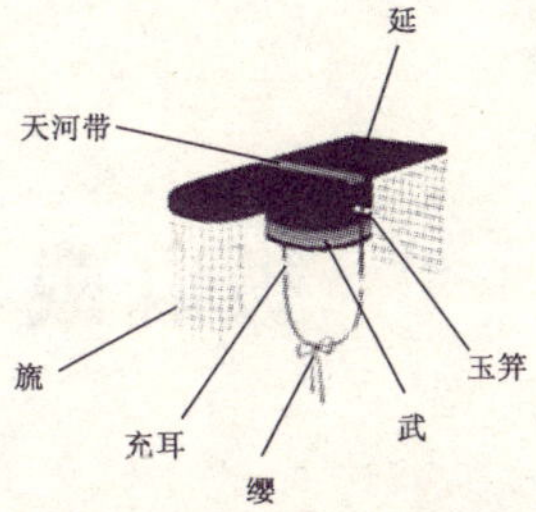

图 3 冕冠（汉代）

图 4 戴冕君王

图 5 冕

公元前 541 年，楚国的令尹公子围杀害了楚王，自己当上国君，史称楚灵王。为了供自己享乐，灵王不惜耗费大量钱财，征用无数民工，建造了一座豪华的章华官，给百姓带来无穷无尽的灾难。宗室大臣公子张对此非常忧虑。为了楚国的前途，他明知灵王不愿听逆耳之言，也要寻找一切机会向他进谏，劝他节制淫乐、爱惜民力、以德待人。灵王开始还能让子张把进谏的话讲完，但次数多了。越来越感到讨厌。一天他问一位大臣：“子张最近老是在我面前唠叨，要我注意这当心那，你看用什么办法叫他不再开这种口？”那大臣回答灵王说：“以后子张再唠叨，大王可以对他说，我常和鬼神打交道，听到各种各样的劝谏，不想再听其他话了”。不久，子张又向灵王进谏，灵王就用那大臣教给他的话回答。子张听了，愤概他说：“殷朝的武丁是位贤明的君主，还到处求贤。大王的德行比不上武丁，却如此讨厌别人规劝。做大王的臣子太难了！”灵王听了这话，不便指责子张，勉强地说：“好，那你就继续进谏吧。我虽然不能采纳你这些规劝的话，但还是愿意把它放在耳朵里的！”子张无可奈何，苦笑一声，说：“臣是为了大王采纳才进谏的。不然的话，巴浦产的犀角和象牙等多得很，大王尽可以用来做瑱塞耳，又何必把规劝的话当作瑱来塞耳呢？”“以规为瑱”的意思就是把规劝的话当作塞耳的瑱，比喻不听别人的规劝。

“充耳不闻”现在形容有意不听别人的意见。

披麻戴孝:反映服饰的伦理功能

“披麻戴孝”出自元代无名氏《冤家债主》第二折:“你也想着一家儿披麻带孝为何由,故来这灵堂里寻斗殴”。指长辈去世,子孙身披麻布服,头上戴白,表示哀悼。这个成语反映了服饰的伦理功能。

服饰的伦理功能,表现在伦理观念的阐释方面,不仅仅限于遮羞,而且紧紧围绕人生四大礼仪(诞生礼、成年礼、婚礼、丧礼)、各种人伦关系及其他伦理纲常规范,对同一社会中人们的行为举止,起着规范化、象征化的指示作用。体现在人作为社会的存在而确立的各种人伦关系、社会与交际的礼仪方面。在中国古代,所谓“君为臣纲,父为子纲,夫为妇纲”以及“仁、义、礼、智、信”为内涵的“三纲五常”成为规范社会人际关系基本伦理标准,这种伦理标准也严格反映在服饰方面。所以,自汉代以后,中国的服饰制度,已经相当完备,表现出明显的政治伦理观念。从皇帝到皇子皇孙乃至皇族,从文武百官到庶民百姓,各有严格的服制,从服饰颜色、服饰式样到图案花纹,都有相关规定,不能逾越。吉服凶服,祭服常服,盛装平装,各有其制;冠笄之礼,长幼之服,各依其时。

丧葬是每个人一生中所经历的最后一道生活仪礼,它是标志人生归宿的最后一道程序,是对逝者的一种尊重。人们通过丧礼一方面表达对死者的怀念与追述,另一方面是对死者进入另一个世界做出的安排与祝福,所以这一仪礼历来都是隆重、庄严、肃穆的,同时也是极其繁琐复杂的。

丧礼中最能传达中国人敬祖观念的是丧服。丧服的种类体现了一套严格的区分亲疏贵贱关系的丧葬等级制度。我国古代的丧服称为“五服”,指斩衰、齐衰、大功、小功、缌麻五种服制。

斩衰(cuī),因不许缝边的粗麻布丧服而得名,表示毫不修饰以尽哀痛。由儿子为父母服孝,妻子为丈夫服孝,未出嫁的女儿为父母服丧时穿戴,服期三年。

齐衰(zīcuī),用粗生麻布制作,缘边部分缝缉整齐,有别于斩衰的毛边,故名。此丧服为祖父母服孝一年,为曾祖父母服孝五个月,为高祖父母服孝三个月。

大功,以大功布做丧服。

小功，所做孝服比大功布的丝缕稍细。

缌(si)麻，在丧服中分量最轻。

图1 民国初期麻丧服（宁波服装博物馆藏品）

大功、小功和缌麻三种孝服的服丧对象，比前面两种的关系疏远一些，穿丧服的时间也比较短。五服丧制，以麻布的粗细来标志家庭成员的地位，强化了丧葬仪礼的伦理意识。在长期的封建社会里，五服制维系着九族制的家庭体制，强有力地控制着封建社会的社会基础。

丧服制度，从周朝开始，历经各个朝代，一直沿用到民国时期。

布衣韦带:记录服饰的等级标识功能

“布衣韦带”语出《汉书·贾山传》:“布衣韦带之士,修身于内,成名于外”。

古代男子在衣服外面的腰部,总要束一根大带,把衣服裹好。最简单的皮带被称为“韦带”,用熟牛皮制成,带上没有任何装饰,系缚方式与布带一样,多为老百姓所用。贵族、官吏的腰带,用绢织成,称作“绅带”。以丝织物制成,叫“大带”或“绅带”。

“布”为麻、苧、葛、棉等非丝织物的通称。上古布仅指麻、葛。古代贫贱的人穿不起丝,只能穿麻,布衣遂成为庶人的代称。所以“布衣韦带”也就成为平民的代称。

在等级森严的古代社会里,服饰是官阶高下、地位尊卑的象征,打上贵贱等级的烙印。以腰带为例,主要以腰带的质料、形制、颜色、纹饰等辨别等级。

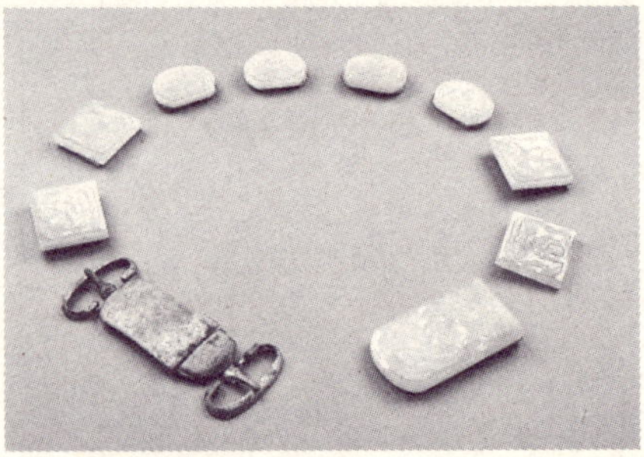

图 1 唐代乐舞人物纹白玉带銙(大唐西市博物馆藏品)

据先秦文献记载,当时的丝带形制比较复杂,颜色、装饰各不相同,上自天子,下至士庶,等级差别十分显著。贵族阶级的腰带用绢织成。大夫以上用生绢,宽四寸;士以上用熟绢,宽二寸。丝带束紧腰部后下垂的部分有个专门的名称叫“绅”,这个下垂部分的长短尺寸,都有严格的制度,《礼记》记载:“绅长,制:士三尺,有司二尺有五寸”。

比较而言,革带的等级标识作用更为详细、严格。革带的形制,大抵由带鞓(tīng)、带銙(kuǎ)、带头及带尾等组成。

鞓就是带身,它是腰带的基础,任何一种带饰,都必须联缀在鞓上;带銙是从蹀躞带上的牌饰演变而来的一种装饰。其造型有方形、圆形、椭圆形及鸡心形等;带头一般多用两个,左右各一。通常用金属做成,其制繁简不一,有的做成扣式,上缀扣针,有的做成卡式,考究者还在带头上凿刻各种纹饰;带尾是钉在鞓头用以保护革带的一种装置，以后发展成一种装饰。它的材料和装饰，均根据带銙而定。各条腰带通常仅用一块带尾，其造型比带銙略长，一端方正，一端则作成弧形。

历代不同的官品佩戴不同的革带，等级是十分严明的。

如以带銙的质料、形状、数量、纹饰等辨别等级，如《新唐书·车服志》记唐代腰带：一至二品用金銙；三至六品用犀角銙；七至九品用银銙。以后又规定不同品级不同的带銙数量。宋代带銙形制繁缛，所用材料有金、玉、银、犀角、铜、铁、墨玉及石料等，带銙上的纹样非常丰富，有仙花、荔枝、师蛮、戏童、宝相花等，共二十余种，使用时各按等级。元明清各代也有详细的规定，如清代一品官带銙用金衔方玉四块，各饰红宝石一；二品镂金圆版四，也饰红宝石；三品镂金圆版四，不用红宝石；四品银衔镂金圆版四；等等。

图 2 穿窄袖服装、腰系革带、腰间佩剑的侍卫（湖北随县曾侯乙墓出土钟虡铜人）

图 3 战国时期丝绦束腰的青铜武士（山西长治分水岭出土）

又如以材质来区分。典型的如“玉带”，从唐代开始，用玉带来装饰的革带，以制度化的形式表现于冠服制度，成为官阶等级的重要标志。玉带组合的基本形制分方、圆两种，只限于皇帝、太子等特定的阶级，或经皇帝赏赐始得使用。在文献中曾记载唐代名将李靖，因战功彪炳，由皇帝破例赏赐“七方六圆”于阗玉带的记载。“玉带”象征阶级品位，意义极为明显。“金带”的地位仅次于“玉带”。唐宋时，只有三品以上官吏系金带，配合紫衣，于是紫衣和金带成了高官的象征，成语“衣紫腰金”指的就是这一现象。

腰带还以颜色来区分品级，清代服色推明黄色，如皇帝的朝服带为明黄色。按规定，宗室用黄，觉罗用红，其余人皆用石青、蓝色或油绿织金。

图 4 着圆领衣、系红鞓玉带的文人（唐韩滉《文苑图》）

貂蝉满座:反映服饰的道德教育功能

《后汉书·舆服志下》:“武冠,一曰武弁大冠,诸武官冠之。侍中,中常侍加黄金铛,附蝉为文,貂尾为饰,谓之‘赵惠文冠’”。以上是说官帽上有蝉形图案的金铛为装饰,并插上貂尾,称为“赵惠文冠”,也叫“貂蝉冠”。

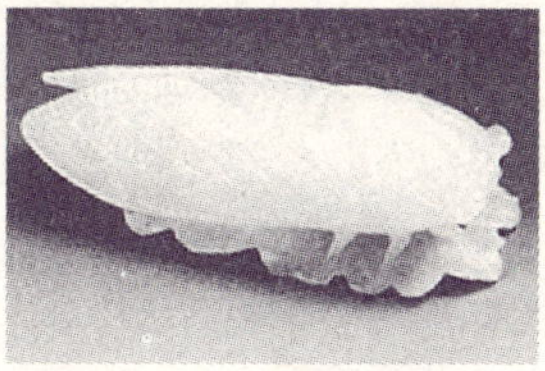

图 1 清代荷叶玉蝉

古人认为貂尾是外柔内韧,因此常常把貂尾和玉蝉一同用在帽子的装饰上,比喻自身高洁、外柔内刚,因此在古代很多达官贵人都佩戴这种装饰的帽子,于是便有了“貂蝉冠”和“冠貂蝉”的说法,古诗中就常常出现,比如“元臣堂堂冠蝉貂”“虎头不戴貂蝉冠”等。

图 2 貂蝉冠

为什么用“蝉”形金铛装饰官帽?这里有其较多的文化内涵。

东汉应劭《汉官仪》载:“侍内金蝉左貂,金取刚固,蝉取高洁也”。《吴越春秋》中记载:“秋蝉登高树,饮清露,随风挥挠,长吟悲鸣”。蝉取义为高洁、清虚。所以蝉在古人的心目中地位很高,是一种神秘而圣洁的灵物,被视为纯洁、清高、通灵的象征。

早在石器时代,先民们就对蝉有所关注,视为神奇的动物,它出于泥土之中,无巢无穴,脱壳羽化,食露而生,高洁不群,以鸣报夏,这些特性已引起先民的尊崇与敬畏。早在红山文化、良渚文化时期就已出现了玉蝉。于是,以玉为材,磨制成蝉形,将其送往死者的口中而进入另一个世界。这种放入死者口中的玉蝉,称为唅蝉,玉唅蝉从夏商周起,绵绵延续了数千年,直到民国时期还以此陪葬。

古人吟咏蝉的诗赋也很多。

汉魏以来,许多文人作赋称颂蝉的美德。如班昭的《蝉赋》、曹植的《蝉赋》,其中西晋陆云《寒蝉赋并序》称赞蝉有五种美德:“夫头上有緌,则其文也;含气饮露,则其清也；黍稷不食，则其廉也；处不巢居，则其俭也；应候守常，则其信也”。以蝉形貌、习性比附人的美德，称赞蝉具有文、清、廉、俭、信五种美德。从此，本属“微陋”之物的蝉在文人心目中更加完美起来，成为高洁人格的化身。

唐代有骆宾王的《在狱咏蝉 》诗：

西陆蝉声唱，南冠客思深。
不堪玄鬓影，来对白头吟。
露重飞难进，风多响易沉。
无人信高洁，谁为表予心。

虞世南的《蝉》诗：

垂緌饮清露，流响出疏桐。
居高声自远，非是藉秋风。

李商隐也有《咏蝉》诗：

本以高难饱，徒劳恨费声。
五更疏欲断，一树碧无情。
薄宦梗犹泛，故园芜已平。
烦君最相警，我亦举家清。

图 3 佩蝉（六朝）

图 4 蝉纹金铛冠饰（东晋时期文物，1998年南京仙鹤观出土，南京市博物馆藏品）

骆宾王身陷囹圄时的沉吟，虞世南身居高官时的歌咏，李商隐颠沛流离时的抒怀，都堪称是咏蝉佳作，被世人称为唐代的“咏蝉三绝”。在这三首诗中，我们不难看出，三位诗人虽然各自的身世遭遇不同，文化背景不同，诗作的风格也不相同，但他们对蝉这一艺术形象咏叹时所持的褒扬态度却是不谋而合的。他们提出做官为人最值得提倡的一点就是品行高洁，借蝉自寓。“高洁”无论在什么时候都是人性发展前方一种闪光的亮点、永恒的追求。

与所谓“蝉义”有关，我国由汉代开始，不少名物、珍品，常冠以“蝉”字，特别是服饰一类，如“蝉冠”“蝉珥”“蝉冕” “蝉翼”“蝉鬓”“蝉衫麟带”等冠以“蝉”字的美好名词。

“蝉衫麟带”比喻飘逸华美的服装。“钿蝉”指妇女贴于面颊的蝉形金花，“钿蝉”也指镶嵌金、银、玉、贝等物的蝉形发饰。

斑衣戏彩:反映服饰传情达意的功能

《北堂书钞》卷一二九引《孝子传》言老莱子年七十,父母尚在,因常服斑衣,为婴儿戏以娱父母。《列女传》老莱子孝养二条,行年七十,婴儿自娱,看五色彩衣,尝取浆上堂,跌仆。因卧地为小儿啼,或美鸟鸟于亲侧。

春秋时,楚国有位隐士,名叫老莱子。他非常孝顺父母,想尽办法讨父母的欢心。因为他对父母照料得无微不至,所以自己已七十岁了,父母还都健在。为了使父母有所娱乐,老莱子特地养了几只美丽善叫的鸟,让他们弄鸟玩要。他自己也经常引逗鸟儿,使鸟儿发出动听的鸣叫声。他父亲听得高兴的时候,总是笑着说:"这鸟声真动听!"老莱子见父母脸上有笑容,心里非常高兴。一次,老莱子的父亲望着儿子花白头发,叹着气说:"连儿子也这样老,我们在世的日子不长了!"老莱子怕父母有这样的想法,不能长寿,便专门做了一套五彩斑谰的衣服,常常穿在身上,连走路也装成小儿跳舞的样子,使父母看了高兴。一天,他为父母取浆上堂,不小心跌了一跃。他怕父母伤心,索性赖在地上打滚,口中还装出婴儿啼哭的声音。老莱子装得太像了,以致父母以为他是故意跌倒的。见他老是不爬起来,笑着称赞说:"莱子真会玩!快起来吧。"

图1 老莱子戏彩娱亲

"斑衣戏彩"谓身穿彩衣,作婴儿戏要以娱父母。比喻子女想尽办法孝敬奉养父母。

在人们生产与生活、社会与人伦、思维与心理等不同的文化层面上,服饰不但成为人们权利、地位的象征,具有审美和实用的作用,而且还作为一种"服饰符号",成为人们联络情感的信物、表情达意的符号。

如表达男女之爱——

一条长长的腰带，要表达男女间缠绕心底的思绪。包含了最含蓄温柔的情意及关怀。庾信《王昭君诗》云："围腰无一尺，垂泪有千行"。小小的一条腰带，寄托着爱心，具有浓郁的浪漫色彩。柳永唱"衣带渐宽终不悔，为伊消得人憔悴"，自誓甘愿为思念伊人而日渐消瘦与憔悴。更有陶渊明说："愿在带而为裳，束窈窕之纤身"，缠绕其身永不分离。

上述"鸳鸯绣带"，也被称为"合欢带"，宋末贾琼之妻韩希孟，在元兵南下时被俘，义不受辱，在衣帛和练裙中写下："初结合欢带，誓比日月炳；鸳鸯会双飞，比目原常并……"然后投江而死。"合欢带"用来表示忠贞与爱情，在宋词中，更加有《合欢带》这一词牌名。而《离骚》中说："解佩纕以结言兮，吾令蹇修以为理"，这里讲的是抒情主人公(吾)与洛神宓妃共结连理，其表达方式是"解佩纕以结言"(解下腰带来订婚约)。

又如表达君臣、兄弟之礼——

《新唐书·车服志》记："至唐高祖，以赭黄袍，巾带为常服。腰带者，搢垂头于下。名曰铊尾，取顺下之下"。以后历代沿袭此制，一直到明代都是如此。就是说，按规定，腰带系束之后，带尾必须朝下，以表示自己对朝廷的顺服。这个规定产生于唐初。

由于腰带具有特殊的作用，所以古人对它十分重视，不论穿著官服、便服，腰间都要束上一带。天长日久，腰带便成了服装中必不可少的一种饰物，尤其在礼见时，更是缺它不可。《南齐书·刘琎(jīn)传》有一段故事：一夜，刘琎先睡下，哥哥刘瓛(huán)住在隔壁，想跟弟弟闲谈，就叫了他一声；没听见应答，以为刘琎睡着了。谁知过了半晌，刘琎却应了一声。刘瓛感到奇怪，问他为什么半天才应？刘琎答是因为听到哥哥呼唤，便马上起来穿衣束冠，只因带子没系好，人没站正，才不敢非礼回答，所以应得晚了。刘琎知礼，对哥哥恭敬。

清代诗人周寿昌曾作七绝《晒旧衣》：

卅载绨袍检尚存，
领襟虽破却余温。
重缝不忍轻移折，
上有慈亲旧线痕。

诗虽短小，却道出了人们共同的感受。通过"晒旧衣"道出了每个人都有的思念母亲的情怀。诗作取材平常，是不起眼的“旧衣服”，是人人都能遇到的家常事——“晒旧衣”，表达的情感却深挚、悠远，富有感染力，耐人寻味，令人久久难忘。

还有表达友情的成语“布衣之交”“绨(tí)袍之义”。

服饰礼俗

履舄交错:记录脱鞋入室起居礼俗

《史记·滑稽列传》有这样一段关于宴饮的描写:“日暮酒阑,合樽促坐,男女同席,履舄交错,杯盘狼藉”。这里反映的正是宴会时众人将履、舄等放置在门外的情景。

古代的鞋,名目繁多,有履、舄、鞋、靴等形制。履是一种平底的鞋子,也常用来作鞋子的总称;舄在许多种履当中是最为名贵的,是上古的一种重底鞋;履舄泛指鞋。

古代习俗,席地而坐。所以古人非常注意室内的整洁美观,人们进室内要先脱鞋,以免将污泥尘土带入室内,弄脏“席”子。

周代时,人们就遵守脱鞋入室习俗,平时生活中在室内大都赤足行走。据《左传》宣公十四年:“楚子闻之,投袂而起,屦及于室里”。意思是说,楚王因事出室,不及穿鞋,屦人追到了室里(即寝门),才进屦由楚王穿上。《列子》载:“宾者以告列子,列子提屦跣而走”。这都说明古人在室内是不穿鞋的,都是赤足走路的。如果在宫廷内穿鞋上殿见君,那就会遭杀身之祸。

春秋时有这样一个故事,说的是师旷的故事。师旷是春秋时晋国太师,生活在晋悼公、晋平公执政时期(公元前572—公元前532年),略早于孔子。师旷精通音律,辨音力极强,多种乐器的演奏技艺极高,其中古琴为最,以“师旷之聪”闻于后世,后人尊之为“乐圣”。

师旷主张人要时刻学习新的东西,要活到老学到老。师旷曾劝晋平公要努力学习,他说,少年好学如初出之阳,壮年好学如日中之光,老年好学如炳烛之光,只要学就能有所进取。平公对师旷的这番话深为不满,便置酒于厦祁宫,又在台阶布满蒺藜,召师旷来奏乐。师旷履而上堂,平公怒斥说,有臣穿着鞋子见君主的吗?师旷只好脱掉鞋子,脚被蒺藜所刺,疼痛钻心,摔倒又被刺破膝盖,只好仰天而叹。平公却说,开个玩笑,何必如此悲惨?师旷说,人主堂庙生蒺藜,妖已在前。不乐而归,表现了坚强的政治态度。

那时,臣子朝见君王,也要脱下鞋子放在殿外。如果不遵行这个礼俗,会招来

图1 东汉陶俑。1972年河南省灵宝张湾出土的六博陶俑。通高24.2厘米、长28厘米、宽19.2厘米。博局与俑均为泥质红陶，模制，通体施绿釉。两俑与盘皆设置在一张坐榻上，两俑之间置一长方盘。盘上置博局，其旁置六根长条形箸。博局两边各有六枚方形棋子，中间有两枚圆"鱼"，两俑跽坐于两端对博，一俑作谦让姿态，另一俑双臂平伸，掌心向上，以作先行

大祸。《吕氏春秋》载：战国时期的齐闵王（公元前301—公元前279年在位）有病，多方医治未见效果，因此去请宋国的名医文挚来诊治。文挚是战国时期宋国人，洞明医术。文挚不愧为当时的名医，他经过询问得知齐闵王的病情之后，反复思谋，觉得只有用激怒的方法进行治疗，才会治好齐王的病，其中不脱鞋即进室也是重要一计。于是文挚来到齐王的塌前，既不下跪，也不施礼，傲慢地穿着鞋子，登上了齐王的睡塌。齐王大怒，霍然病愈。结果，文挚被齐王用大鼎烹死。

在秦汉时，也传承周代不能穿鞋入室，不能穿鞋入屋，必须脱鞋于阶外，赤脚进入户内的习俗。据《新序》载：秦二世胡亥，邀昆弟数人饮宴，并以酒飨群臣。诸子先行赐食。后胡亥下阶，看群臣所脱的鞋子，如发现其中有因年久而穿坏了的，就被立即逐出宴会之外。

西汉时，仍传承脱履于外的礼俗。《汉书・隽不疑传》载："胜之直指使居传舍中，一次，闻隽不疑来，因隽负有盛名，胜慌忙之中'趿履出迎'。师古曰：履不着跟，曰靸（躧）"。因为时间匆促，在门外纳履未正，曳之而行。这说明在传舍中仍有户外脱履之俗语。

魏晋时，入室仍须脱履、赤足。《魏书・曹真传》有"赐剑履上殿"之句，说的是汉献帝给曹操一个特殊待遇，叫做带剑鞋履上殿，叫"剑履上殿"，剑就是带剑，你可以佩着剑去见皇帝，履就是穿鞋，说明当时上殿都要脱履。

图2 曹操，东汉末年政治家、军事家及文学家

远出在外，仍习惯于室内脱履，《邴原传》注："太祖北征归，原至通谒，太祖大惊喜，履而起，远出迎原"。《世说》载："王子猷子敬兄弟，共坐一堂，上忽发火，子猷遂走避，不惶取履。子敬徐扶侍者出"。

这里所说的"不惶取履"，反证入室必跣足也。又"谢遏夏月尝仰卧，谢公清晨卒来，不暇着衣，跣出户外，方蹑履"。这最后一句，也说明了当时仍有入室即脱履的习俗。

图 3 唐·孙位《高逸图》，图中出现的隐囊和琴几是当时常见的家具，大部分人仍有席地而坐的习惯

到唐代，入唐后，席地起居的习惯逐步有所改变，不仅椅凳多见，高形桌案也开始出现，入室脱靴之俗已变，但在某些场合仍有脱鞋的习俗。《法苑珠林》二八："若是白衣，多着靴鞋为荣。初入寺内不劳脱履，若入佛堂，得脱也"。

蓬头跣足:折射脱袜致敬礼俗

"篷头跣(xiǎn)足"形容人衣冠不整,十分狼狈或困苦之状。蓬指散乱;跣指赤脚。《封神演义》第七十六回"郑伦捉将取汜水"有"韩荣见二子篷头跣足,绳博二臂,押在军前,不觉心痛……"的描写。

许慎在《说文》中谓:"跣,足亲地也"。

跣足,是古代一种与礼仪有关的风俗习惯,是古代起居礼俗之一。至少在周、秦、汉、三国时期,古人是席地而坐的,因此进门必须脱鞋。脱鞋之后,脱不脱袜,则要看身份。如果身份相当,可以不脱;如果是卑者见尊者,如臣下见君主,儿媳侍翁姑,就一定要光着脚,叫做"跣足"。否则,就要被视为无礼,其后果是很严重的。春秋时,一个名叫诸师声子的人就差点因此而脑袋搬家。因为他在参加国君的宴会时,穿着袜子就登上了酒席,于是国君卫出公便勃然大怒,喝令"推出午门斩首"。尽管诸师声子再三解释,说自己不脱袜子,是因为脚上生疮,恐怕君王见了会呕吐,也无济于事,最后只好落荒而逃,才幸免一死。这条史料出自《左传》,讲的是春秋时期的事情。清代学者赵翼《陔余丛考・脱袜登席》评论:"古人以跣足为至敬也"。

跣足是表示敬意的方式。

当年晋悼公盟会诸侯于鸡丘时,为了向执法如山的中军司马魏绛表示敬意,就曾"跣而出"。后来,晋悼公在魏绛的帮助下,顺利完成了晋国的霸业。

曹操也曾有"跣足迎许攸"的故事。许攸原是袁绍幕僚,曹操与袁绍在官渡相对峙,许攸献计袁绍不纳,许攸便弃袁绍投奔曹操。曹操听说许攸到来,大喜过望,"跣足而出",然后把许攸请到军帐里坐下。如此,许攸自然好不得意,将妙计和盘托出。曹操用了许攸的计谋,成功给袁绍以毁灭性的打击,打赢了官渡之战。

还有一个故事是蔡文姬"徒跣而行"以救夫。《后汉书・列女传》:"祀为屯田都尉,犯法当死,(蔡)文姬诣曹操请之……"东汉时,文姬丈夫董祀犯事当死,蔡文姬去找曹操求情,一路上不穿鞋子"徒跣而行"。什么叫"徒跣"?就是光脚走路。这样子求情,堪称虔敬、诚恳。曹操心中大为不忍,于是饶恕了董祀,还格外怜惜地送来鞋袜和头巾。

曹操有“剑履上殿”的特殊待遇，但祭祀时也须光脚，有曹操本人的话为证。曹操说：“祠庙、上殿，当解屦，吾受命剑屦上殿，今有事于庙，而解屦”。祭祀和上朝都得脱鞋，这是规矩，我奉圣旨，可以穿着鞋子上朝，但是圣旨没让我穿着鞋子祭祀，所以在祭祀的时候，我跟你们大伙一样，都光着脚。

唐之前，在朝会祭祀重大活动中，必须跣足。《三国演义》第四十八回说诸葛亮登坛祭风，“身披道衣，跣足散发”，就是穿着道服，光着脚，披散着头发。为什么要光着脚呢？因为这样表示虔诚，表示尊敬。

南北朝时，为恢复汉代礼制，宋孝武帝要求大伙在正式场合（比如朝会、祭祀和大宴）必须“脱屦”，也就是脱掉小鞋子外面的大鞋子。宋孝武帝还说：“凡屦行者，应皆跣袜”。不光要脱外面的大鞋子，还得脱里面的小鞋子，脱完小鞋子，还得脱袜子，总之脱到光脚为止。

到了唐代，寻常入朝，都可以着履或靴，唯独祭祀还有脱袜赤足以为至敬的。

光脚之礼还用于举办丧事。死者咽气时，在旁家属脱去鞋履，以表示对死者的尊敬。送葬时候，则赤足步行。公元前157年汉文帝临死时留下遗言，在遗言中特别提到“自当给丧事服临者，皆无跣”，就是说为他举办丧礼时全国官员军民不用脱鞋袜。所以司马迁在《史记·孝文本纪》中，是这样评论汉文帝的：“汉兴，至孝文四十有余载，德至盛也”。赞扬文帝以仁德治国，天下遂盛。

图1 汉文帝

《晋书·慕容熙载记》：后燕主慕容熙“被发徒跣，步从苻氏丧”。说的是十六国时期后燕国君主慕容熙，在苻皇后发葬时，他披散了头发、光了脚，徒步跟从灵车走了二十余里。无论之前慕容熙如何荒唐，单这一行为总还是能表达情感的。

量体裁衣:服饰适体美的最基本原则

服饰的审美表征是通过服饰的款式、色彩、装饰等配件和服饰的适体、和谐、韵律等整体效果两个方面来实现的,其中适体,就是合体,服饰如果在整体上不合适,即使在款式、色彩和装饰方面考虑周全,也不能使人感到美。

适体美,是指一个人的仪表要与他的年龄、体形、肤色、个性、气质、职业、身份等相适宜,表现出一种和谐,这种和谐能给人以美感。

关于服饰的适体美,历代有许多言论,其中清代戏剧理论家李渔的服装审美思想是值得重视和借鉴的。

李渔的服装美学思想,集中地保存在《闲情偶寄》中,"治服""修容"部分是其精华所在,在这一部分,李渔就人们特别是"妇人"如何穿着打扮,有不少独到的见解。李渔竭力主张女性衣服的适身合体,他在批评衣服不适身的弊端时说:"宽者似窄,短者疑长,手欲出而袖使之藏,项宜伸而领为之曲,物不随人指使,遂如桎梏其身"。也就是说,衣服必须量体裁衣。衣服长短得体,穿在身上才能随人指使不至于桎梏其身,行动舒展自如。当代服装美学理论同样认为"量体裁衣"是服饰适体美的最基本原则。

李渔认为肌肤身材条件并不十分理想的人,"即当相体裁衣,不得混施色相 。相体裁衣之法,变化多端,不应胶柱而论,然不得已而强言其略,则在务从其近而已。面颜近白者,衣色可深可浅;其近黑者,则不宜浅而独宜深,浅则愈彰其黑矣。肌肤近腻者,衣服可精可粗;其近糙者,则不宜精,而独宜粗。精则愈形其糙"。对于那些天生丽质的人来说,无论衣服深浅精粗,穿在他们身上,总有良好的效果,"大约面色之最白最嫩,与体态之最轻盈者,斯无往而不宜;色之浅者显其淡,色之深者愈显其淡;衣之精者形其娇,衣之粗者愈形其娇"。

一件衣服要想取得好的效果,关键就要"量体裁衣",要使服装与穿着者尽可能保持协调,才能收到显长藏拙的美化效果。否则,非但收不到美化的效果,反而会适得其反,丑化了自己。李渔说:"然人有生成之面,面有相配之衣,衣有相配之色,皆一定而不可移者。今试取鲜衣一袭,令少妇数人先后服之,定有一二中看,一二不中看者，以其面色与衣色有相称不相称之别，非衣有公私向背于其间也。使贵人之妇之面色，不宜文采，而宜缟素，必欲去缟素而就文采，不几与面为仇乎？故曰不贵与家相称，而贵与貌相宜”。李渔强调服装的选配，要切合自身的外貌条件，只有和谐得体，才会相得益彰。

李渔讲究美容美饰，并不主张追逐时尚，而是讲究因人而异，各造千秋。他说："一时风气所趋，往往失之过当。非始初立法之不佳，一人求胜于一人，一日务新于一日，趋而过之，致失其真之弊也”。“凡为西子者，自当曲体人情，万勿遽发娇嗔，罪其唐突”。李渔能够以人为本，合理阐述美的个体性，引导女性追求适合自己个体特征的健康、独特的容饰之美，确实是难能可贵的。

中国服装史上，有一个作出过巨大贡献的裁缝群体——红帮，他们在百年发展过程中，致力于服装技术的研究与实践，自身的队伍不断壮大，还造就了几代名师以及许多“绝活”。对“量体裁衣”的原则，他们大加创新，不再单靠尺量，他们还用“目测”，这样，不但能远距离测出尺寸，而且能测出人的心性气质，再参照个人爱好，设制出充分个性化服装来。红帮研究专家季学源教授认为红帮的“量体裁衣”已经进入了“内视”境界。所谓内视，就是对顾客由表及里，进行内心省察，使“量体”精神化、心理化；而“体”也就不只是身材、三围，而是主体、本体，人的躯体和内心世界的统一体。红帮要求裁缝炼出内视之功，既能看清人的身材各部位之尺寸，更能看出人的心性气质、思想修养，结合个性，进行设计，做出高度个性化的服装。

图 1 吴山明《水墨李渔》(《金华日报》2011 年 9 月 5 日)

图 2 李渔画像

仪态万方:姿态美是服饰美的重要组成部分

仪态万方,出自汉代张衡《同声赋》:"素女为我师,仪态盈万方"。

关于"仪态"的定义,林语堂大师是这样说的:"女人的美不是在脸孔上,是在姿态上。姿态是活的,脸孔是死的,姿态犹不足,姿态只是心灵的表现;美是在心灵上的。有那样慧心,必有那样姿态,搽粉打扮是打不来的"。

仪态,指人的姿态、举止和风度,即一个人的表情、行为、动作,也包括人的体态语。它反映一个人的性格、心理、感情、素养和气质。个人的礼仪修养正是通过一举一动表现出来的。

一个人的气质、风度及其礼仪教养不能仅是靠高档的服饰装扮而成的,更不是靠人们拥捧而就的,而是在一言一行中自然体现出来的。

我们认为美是一种整体感受,再绝伦的容貌,再标准的身材,如果加上一副萎靡不振的姿势、粗鲁无礼的举止,美根本无从谈起。

怎样才能从审美的角度去观察和衡量女性的仪态美呢? 培根说:"形体之美胜于颜色之美,而优雅的行为之美又胜于形体之美"。这是美的精华。优雅端正的体态,敏捷协调的动作,优美的言语,行之有效的大方的修饰,甜蜜的微笑和具有本人特色的仪态,会给人留下美好的印象。人的一站、一坐、一举手、一投足,都能表现其内在的精神气质。

姿态美不同于力量、速度、柔韧等身体素质,一旦形成,只要不是人为地改变,就能较长久地保持下去,属于一种稳定因素。所以,当一个人形成了一种美的习惯动作以后,在生活中就会无意地表现出来,这就是美的自然表现,也是自然美的一种形态。

宋庆龄女士是全世界人民公认的伟大女性,她除了拥有崇高的品质、高尚的人格外,还具有美好的仪表形象。美国作家艾斯蒂·希恩曾在作品里这样描写她:"她雍容高贵,却又那么朴实无华,堪称稳重端庄。在欧洲的王子和公主中,尤其年龄较长者的身上,偶尔也能看到同样的品质。但对这些人而言,这显然是终生培养训练的结果,而孙夫人的雍容华贵与众不同,这主要是一种内在的品质。它发自内心，而不是伪装出来的。她的胆略见识之高，人所罕见，从而能使她在紧要关头镇定自若，同时，端庄、忠诚和胆识又使她具有一种根本的力量，这种力量能够消除人们由于她的外表而产生的那种柔弱羞怯的印象，使她具有坚毅的英雄主义的形象”。[①]

伟大女性宋庆龄的从容高雅向我们阐述了什么是“仪态美”，向我们阐述了气质的定义。

图 1 宋庆龄（32 岁，1925 年于上海）

图 2 永远将自己收拾得干净利落、美丽精致，如此静态中便能显现出她高人一等的大家闺秀风范（《一个诗人眼中的宋庆龄》，中国文史出版社出版）

① 吴菲菲：《细节决定女人的幸福：做幸福快乐女人》，海潮出版社 2010 年版。

图腾崇拜

凤冠霞帔：远古鸟图腾崇拜在服饰中的折射

凤冠，就是在冠上缀以凤凰。以凤凰饰首的风气，早在汉代已经形成，汉以后沿袭不衰。汉制惟太皇太后、皇太后、皇太入庙行礼，其冠饰有凤凰，其制历代多有更革。正式将凤冠确定为礼冠，并将其收入冠服制度的，是宋以后的事情。明时凤冠，有两种形式，一种是后妃所戴，冠上除缀有凤凰外，还有龙、翚（huī 古书上指有五彩羽毛的雉）等装饰。如皇后凤冠，缀九龙四凤，皇妃凤冠，缀九翚四凤等；另一种为命妇所戴彩冠，上面不缀龙凤，仅缀珠翚（huī）、花钗，习惯也称凤冠。

另外，明清时，平民女子盛饰戴彩冠，也叫凤冠，多用于婚礼。相沿至清末。

凤的形象，源于鸟图腾的崇拜。

"图腾"一词来源于印第安语"totem"，意思是"他的亲族"。图腾崇拜的核心是认为某种动物、植物和自己的氏族有血缘关系，是本氏族的始祖和亲人，从而将其尊奉为本氏族的标志、象征和保护神。

在人类社会早期，动物与人类生产生活有着密不可分的关系，因此，对动物的崇拜也成为图腾文化中最常见的现象，由此产生了许多以动物形象为标志的图腾符号。

凤凰崇拜的起源约在新石器时代。原始社会彩陶上的很多鸟纹是凤凰的雏形，距今约6700年的浙江余姚河姆渡遗址出土共有九件鸟饰物：一件双凤朝阳象牙雕刻，三件鸟形象牙圆雕，两件鸟纹骨匕，一件浮雕双飞燕器盖，两件鸟状木蝶形器。在象牙骨器上的双鸟纹的雕刻形象应是古代凤凰最早的形象记载。

图1 河姆渡遗址双凤朝阳象牙雕刻

今日所见关于凤的最早文字记录，可能是在《尚书·益稷》篇中。书中叙述大禹治水后，举行庆祝盛典。由夔龙主持音乐，群鸟群兽在仪式上载歌载舞。最后，一凤凰也来了——"萧韶九成，凤皇来仪"。

凤的形象经过逐渐演化，它头似锦鸡、身如鸳鸯，有大鹏的翅膀、仙鹤的腿、鹦鹉的嘴、孔雀的尾。

《说文》："凤，神鸟也。天老曰：凤之象也，鸿前、鳞后、蛇颈、鱼尾、鹳嗓鸳思，龙纹、龟背、燕颌、鸡喙"。凤凰被认为是百鸟中最尊贵者，为鸟中之王，有"百鸟朝凤"之说。

凤是人们心目中的瑞鸟，天下太平的象征。古人认为时逢太平盛世，便有凤凰飞来。在中国人的思想形态里，"凤凰"自古以来就是传说中最重要的的吉祥神奇之物，据说凤凰能火中再生，象征美好、才智和吉祥。

实际上，凤凰在较早的先秦文献中，正是作为一种祥瑞和一位舞神出现的。《山海经·南山经》："有鸟焉，其形如鹤……名曰凤凰。……是鸟也，自饮自食，自歌自舞，见则天下安宁"。

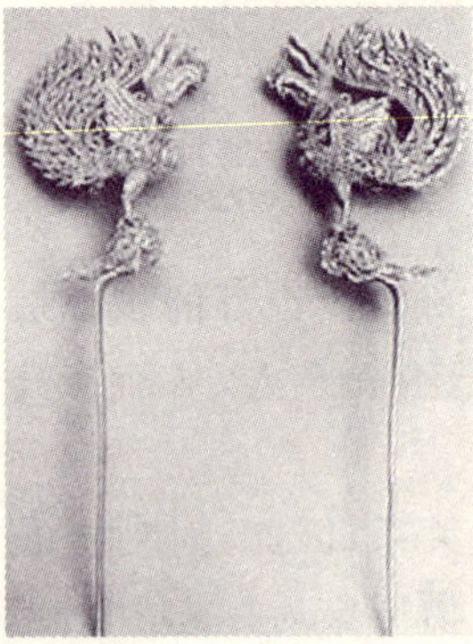

图 2 明代金凤簪

凤图腾在不断发展中，逐渐成为帝王之象，这在很多古代文献中均可以找到证据，据司马迁在《史记·秦本纪》中记述，秦王朝的先祖崇拜鸟图腾。因此，秦始皇进军六国时不建龙旗，而如李斯在《谏逐客书》中所说，是"建翠凤之旗"。马缟《中华古今注》中也称，宫中娱妃插凤钗始自秦始皇时代。随着"龙"图腾地位的上升，凤曾被作为封建皇朝最高贵女性的代表，与帝王的象征——龙相配。"凤"逐渐成为后宫妃子专用之词：皇后头上戴着凤冠，发上插着凤钗，内宫的阁楼称之为凤阁、凤楼，皇宫的宫苑池沼叫做凤池，等等。

图 3 凤冠（右 3），古代后妃及诰命夫人之礼冠，冠上饰以凤鸾，真珠玉翠，多于大礼时戴用（唐懿德太子墓石刻）

图 4 皇后金凤冠，明孝恪皇后像（《历代帝后像》）

凤代表阴，尽管凤凰也分雄雌，更一般的是将其看作阴性。“凤”“凰”常见于女性名。作为头饰，凤更为古代女性所独有。凤钗就是传统的饰品，历千年而不衰，以致词牌名中还有一个《钗头凤》。“钗头凤”不言而喻是一种发钗的名字，其一端有用金子和珍珠制成的凤凰。这一词牌名是从陆游开始的，因陆游《撷芳词》中有“可怜孤似钗头凤”，将词牌名改成了《钗头凤》。

戴鸡佩豚:动物图腾崇拜在服饰中的印痕

“戴鸡佩豚”出自《史记 · 仲弟子列传》:“子路性鄙,好勇力,志伉直,冠雄鸡,佩豭豚”。

戴雄鸡形的帽子,佩野猪形的饰物。子路未作孔子学生的时候性格鄙陋,言语粗鲁,而且对孔子不够尊敬。他为了显示自己的勇武,将雄鸡、野猪之形作为顶冠和佩饰。子路佩饰它们以表示自己是勇士,同时也意味着他还将承担着其作为勇士的社会责任,譬如讲诚信、义气之类的。

这一成语从一个方面反映了动物形象类的图腾符号,以具象或变形抽象的形式进入服饰的境界。

“在人类社会早期,动物与人类生产生活有着密不可分的关系,因此,对动物的崇拜也成为图腾文化中最常见的现象,由此产生了许多以动物形象为标志的图腾符号”。[①]

在原始社会,由于人们在与大自然的斗争中处于弱势,那些具有超人的特别能力的动物成为人们心目中的神祇动物和图腾动物。如具备人类无法达到的多子多孙生育繁衍能力的鱼、蟾、蛙,被作为地与水的母体阴性图腾文化符号。又如难以征服的蛇、虎、公牛、野猪、熊,能够飞翔的鸟类和蝴蝶,以及能在高山顶峰和悬崖上奔跑的羚羊,都被作为天与太阳的阳性图腾文化符号,等等。

图 1 河姆渡文化猪纹陶钵

几千年来,这些符号一直使用,成为各民族和地区的具有地域特征性的民间美术符号密码。

凶猛的野猪是远古时代的先民崇拜的圣物。在先民心目中,野猪膘肥体壮,异常凶猛,勇武刚烈,是地地道道的勇士。俗话说得

① 魏源:《源远流长的动物图腾文化》,《生命世界》2009 年第 8 期。

好，“一猪二熊三老虎”“打老虎只要有一个胆，打野猪要带一块板”。在古代，如果有人能够捕捉到或杀死野猪，则将成为人人赞不绝口的英雄人物。假如有人被同伴们称颂为“野猪”，那是一种莫大的荣耀。通过检索各种史料，我们发现中国古人普遍崇拜野猪。有证据表明，野猪崇拜之风贯穿华夏上万年的文明史。

在远古时代，先民们发现凶猛勇武的野猪的繁殖力惊人，它们的子子孙孙似乎是无穷无尽。而驯化的家猪的繁殖力更是异乎寻常，野猪一年一胎，家猪却是一年两胎，每胎产子几乎都是十多个。于是，作为先民们的肉食来源的猪类进入了生殖崇拜的系谱。先民信仰万物有灵，对猪灵进行生殖崇拜，先民们希望能起到两个作用，一是猪类向人类提供更多的肉食；二是将其神秘生殖力转移给自身或大地、万物，以增强其的生殖力。

再从现代科学考古说起，这些年地下发掘出很多猪形器物。内蒙古红山文化遗存中发现了猪头龙身玉雕，辽宁牛河梁女神庙遗址出土了猪头神象，河姆渡文化遗址出土了陶猪，等等，这些都彰显了新石器时代普遍存在着猪神崇拜。

距今约5300年前的安徽凌家滩文化考古发掘中，在墓地祭坛的近顶部发现了一件用玉石雕刻的猪型器件，全长72厘米，重达88公斤。猪的嘴、鼻孔、眼、耳俱全，并有一对獠牙，形态十分逼真。这是目前中国在新石器时代发现最大、最重、年代最早的玉猪，是中国考古史上的重大发现。

大汶口文化也对猪崇拜，许多墓葬中随葬猪。这些都是猪图腾崇拜的早期遗迹。

从汉字的构造和发展可以看出，猪在汉民族中的地位是至高无上的。“豕”是猪，“门”字里加“豕”即是“家”。初民祭祀祖先，把祖先的灵位放在堂上，要以“豕”为祭品。所以，屋里有人还不能算做家，屋里有猪（豕）才算家。

还有一个“豳”字也可以反映古代中国的猪崇拜。我们看这个字的字形，分明是山里头有两头猪（豕）。《诗经》里有“豳风”，“豳”是周人先地，是周文化的发祥地。

同样，先民把雄鸡作为民族的图腾有悠久的历史，如今，在许多民间风俗活动中都找得到它的踪迹。“雄鸡”一词常用来比喻为英雄、勇士，俗谚有“好斗的公鸡”一说。

图2 清代官服“补子”动物纹样

动物崇拜在服饰中无处不在，历代服饰中有大量的动物图案。

常见的动物图案既有现实性的动物，如兽类中的狮子、虎、鹿，飞禽类中的仙鹤、孔雀、锦鸡、鸳鸯、鸂鶒、喜鹊，鱼类的鲤鱼、鲶鱼、鳜鱼，昆虫类的蝴蝶、蝙蝠、蜜蜂、螳螂，等等，同时还有想象性的动物龙、蟒、斗牛、飞鱼、麒麟、獬豸、凤凰等等。

悬龟系鱼:意蕴吉祥鱼文化在服饰中的反映

“悬龟系鱼”出自《新唐书·车服志》:“高宗给五品以上随身鱼银袋……天授二年,改佩鱼皆为龟。其后三品以上龟袋饰以金,四品以银,五品以铜。中宗初,罢龟袋,复给以鱼”。后以“悬龟系鱼”指任高官显宦。

在唐官服中有时代特色的当属章服。章服是唐代佩鱼符、鱼袋的官服。鱼符、鱼袋均为唐代官员朝服、礼服的一种。鱼袋是用来装鱼符的,通常系在大带上,

武则天时暗谶她姓武,是玄武,就是龟,改佩鱼为龟,并规定三品以上龟袋用金饰,四品用银饰,五品用铜饰。唐代诗人李商隐的《为有》诗:“为有云屏无限娇,凤城寒尽怕春宵。无端嫁得金龟婿,辜负香衾事早朝。”写一贵族女子在冬去春来之时,埋怨身居高官的丈夫因为要赴早朝而辜负了一刻千金的春宵。将丈夫称为“金龟婿”,这里的金龟即是亲王或三品以上官员,所以后世遂以金龟婿代指身份高贵的夫婿。

唐中宗后又改为鱼,随身佩鱼,其作用一是用以明贵贱、辨尊严内外,二是作为臣子上朝面君成应皇帝召见进宫的凭证。鱼符之形为鲤鱼,是以“鲤”喻李,寓意李家天下的一种标志。也有长命百岁,吉祥之符。

鱼袋,前后形制有所不一。最早的鱼袋,大多以布帛制作,故以“袋”名,后来则将其制成一个长方形木匣,以木料为之,外裹皮革,并以金银为饰。从《步辇图》中,可见一持笏文吏,腰带之下垂一挂饰,以布帛缚结而成。

鱼符早在隋代就已经出现,但其作为一种身份象征放入鱼袋中作为一种确定的制度则是到唐代才确定下来的。

图 1 《步辇图》局部（中国遗产网）

鱼符长约三寸,其质为玉、金、银、铜等材料。皇太子佩玉鱼、亲王佩金鱼、诸官佩铜鱼,鱼上刻有官品、姓名、在何衙门任职、官居几品、俸禄几许、出行享受何种待遇

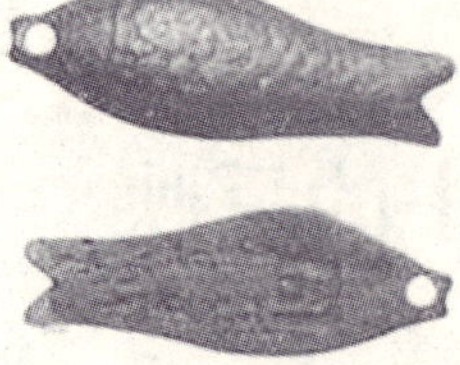

图 2　唐代木鱼符

图 3　鱼袋

等，比隋代仅有姓名、官品的身份证要完整得多。鱼分左右两部分，左向之鱼朝，右向之鱼随身携带。佩带的方法是将符盛于“鱼袋”里，挂在腰间革带上，凡穿朝、礼服必佩鱼袋，鱼袋上的纹饰，三品以上饰金，四五品饰银。

宋时只有鱼袋，没有鱼符，紫服佩金鱼，绯色饰银鱼。到明代，佩鱼不再为官员专用，而是纯粹的佩饰。《喻世明言》中《杨思温燕山逢故人》写到：“车后有侍女数人，其中有一妇女穿紫者，腰佩银鱼，手持净巾，以帛拥项”。

鱼形纹饰的产生直接起源于与人类生活有关的鱼和渔猎活动，是人们认识鱼所经历的一个从具体到抽象不断提高的过程，寄托对鱼的喜爱和崇敬，鱼已融入了先民的思想和意识之中。中华民族对鱼的崇拜可追溯到距今 7000 年前的河姆渡文化以及 6000 年前的仰韶文化时期。

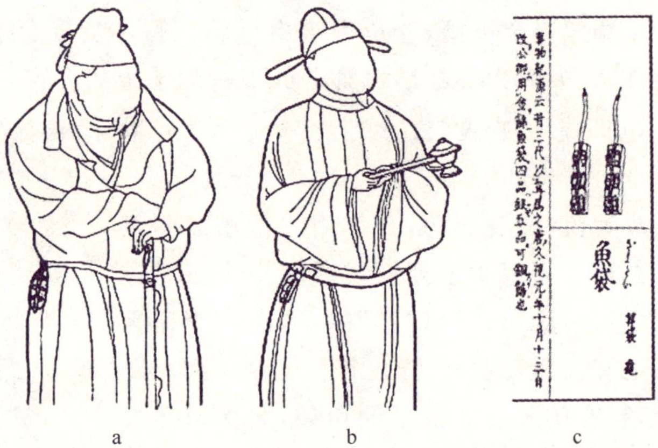

a　　　　b　　　　c

图 4　鱼袋

a. 乾县唐李贤墓壁画中的佩鱼袋者　b. 莫高窟 156 窟晚唐壁画中的佩鱼袋者
c. 鱼袋（据《倭汉三才图会》）

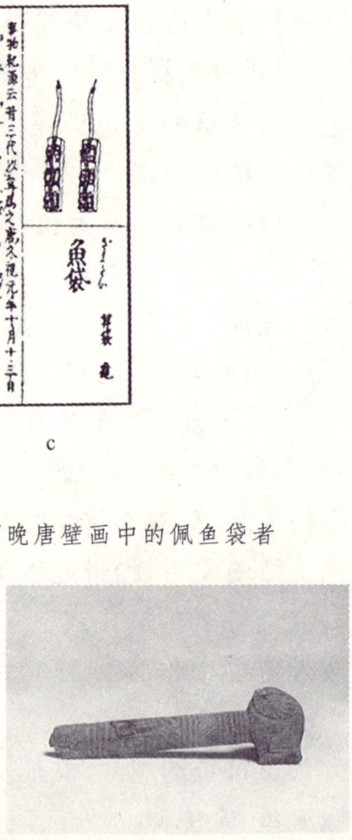

图 5　河姆渡文化木雕鱼

河姆渡文化有木雕鱼，是原始社会木雕中的珍品，长 11 厘米、宽 3.5 厘米、厚 2.7 厘米。形象生动，特别是其神态宁静、舒缓，让人难以忘怀。

河姆渡文化遗址出土的陶瓷上有拙朴的鱼纹图案，而六七千年前半坡氏族公社时期的仰韶文化彩陶上，鱼纹更为普遍。半坡文化彩陶的代表性装饰纹样为鱼纹，其形式有单体鱼纹、复体鱼纹、人面鱼纹以及抽象变化鱼纹等。汉字中也很早就有了象形的“鱼”字。

鱼形图案是原始传统生殖崇拜的遗存，由此鱼的隐喻意义慢慢发展为女性、爱情。汉代乐府民歌《江南》：“江南可采莲，莲叶何田田，鱼戏莲叶间，鱼戏莲叶东，鱼戏莲叶西，鱼戏莲叶南，鱼戏莲叶北。”这首小小的采莲曲生动、别致，它用回旋反复的语句，描画出鱼儿在莲叶四周环游戏嬉的可爱情景，是一位姑娘望着田田的莲叶，想着青春，想着爱情的生动写照。

后世服饰中多鱼形图案，成了中国传统吉祥文化的重要组成部分，含有金玉满堂、吉庆有余、鱼跃龙门和美满幸福的寓意。

这种鱼文化也影响到了玉器的制作，出现了很多鱼形的佩饰。佩鱼之风始见于商代，唐代以后，含有吉祥寓意的玉雕佩饰开始陆续出现，鱼形纹样成了玉雕佩饰中常见的题材。宋元时期的鱼形玉佩目前已经出土很多，传世品为数也相当多。元明清三代的鱼形玉佩继续丰富和发展了鱼形图案纹样，出现了鱼与荷花、鱼与磬组合成的图案，寓意“连年有余”“吉庆有余”，还有龙头鱼身纹样的玉佩，寓意“鱼龙变化”。

图 6 宋白玉鱼形佩(中华鉴宝网)

吉祥鱼文化是中华民族的伟大创造，是中国文化史上光彩夺目的一章。

服饰交流

披发左衽:区别于汉族的服饰形象

"披发左衽"出自《论语·宪问》:子贡曰:"管仲非仁者与?桓公杀死公子纠,不能死,又相之。"子曰:"管仲相桓公,霸诸侯,一匡天下,民到于今受其赐;微管仲,吾其披发左衽矣!岂若匹夫匹妇之为谅也,自经于沟渎,而莫知也!"

意思是:有一次,子贡对孔子说:"管仲大概是个不仁不义的人吧?齐桓公杀公子纠,管仲照理该殉死,他却不能以死尽忠,反而投降齐桓公,被齐桓公拜为相国。"孔子说:"管仲帮助齐桓公称霸,把当时那么乱的社会辅正过来,对历史的贡献,对国家民族的贡献太大了。到现在管仲已经死了,可是我们这些人都受到了他的好处;假使当时没有管仲,那我们早就变成野蛮民族,披发左衽(古代中原地区以外少数民族的装束)了!这种情形又怎么是普通男女所能理解的呢,普通人一碰到失败就自杀,毫无价值,好像倒在污水沟里,这样一死了之,又有什么意义?"

这段话的大背景是"山戎族南侵",管仲提出"尊王攘夷",联合北方邻国,赶跑蛮夷。结合当时背景,孔子这句话的意思很简单,就是表扬管仲辅佐齐桓公的尊王攘夷之功。这里的"夷"是指当时某些北方民族,被发左衽是他们的习俗。由于管仲辅佐齐桓公成功抵御当时某些北方民族对中原地区的侵扰,保护了中原地区的周王室与诸侯国,所以孔子说这句话表扬他。

为何孔子将被发左衽视为夷狄野蛮的象征的呢?这得从华夏民族的传统说起。

《易·系辞下》有云:"黄帝、尧、舜垂衣裳而天下治,盖取诸乾坤"。自那时候开始,我们华夏民族的服饰体制从此确立了一个完整的框架系统,与异族的风俗文化不同,华夏民族历来是盘著发髻、穿著交领右衽为主的服饰,而异族之人则是穿左衽、披散头发,这在我们华夏民族看来,左衽是胡人或者死人的标志;而且,古人认为,身体发肤都是受之父母,不能轻易损伤的,所以无论男女皆是蓄发为主的。礼仪和服饰在我们华夏民族的文化里面占着极其重要的位置,被发左衽恰恰与我们华夏民族最根本的文化是相悖的,所以,被孔子挑出来说明管仲在维护华夏正统文化上的功绩。

图 1 西汉彩绘陶仪卫俑，穿交领右衽袍（江苏省徐州市博物馆藏品）

衽，本义衣襟。左前襟掩向右腋系带，将右襟掩覆于内，也就是开口向右，称右衽。反之称左衽。

“披发左衽”的反义词就是“束发右衽”，也就是华夏汉族的发型服装，是华夏汉族和华夏汉文化的代表。

汉服领子最常见的是交领，领子呈 Y 形（极少有立领和翻领的），其次是直领，再是圆领。交领即衣领直连左右襟，衣襟在胸前交叉，领也随之相交，故称交领。直领服饰是领子从颈后分左右绕到胸前，然后平行地垂直而下。自隋唐开始又盛行圆领衫，五代、宋、元、明一直延续，并影响了日本、朝鲜等国。不管“领”的形制如何，服装的大襟一般都为右衽，即衣襟前后两片在胸前加宽加大，两襟相重叠，左襟在外压住右襟。因此，“束发右衽”成为汉民族服饰的基本特点，并因之与“披发左衽”的少数民族服饰形成鲜明的对比。当然在一些历史时期，汉族受外族影响，也有着左衽的情况。

另外，古人认为死去的世界，与生命的世界完全相反，有种说法叫左生右死，所以汉族传统习俗，死者之服（寿衣）用左衽，以示阴阳有别。虽然有些出土墓葬，死者不穿左衽，但并不能说明汉人传统习俗中没有逝者穿左衽的礼制。

所以，成语“披发左衽”就是说国家灭亡、被外族人统治的意思。服饰代表一种文化，更代表一种身份的认同和区别。唐代诗人刘景复在《梦为吴泰伯作胜儿歌》中也说：“麻衣右衽皆汉民，不省胡尘暂蓬勃”。此后，人们常用“披发左衽”来代指华夏文明衰微，异族入主中原。

图 2 明代街景（资料图）

胡服骑射:记录民族服饰的交流融合

"胡"是个模糊用语,有时专指匈奴,有时泛指从东北到西兹诸游牧民族,有时甚至还要更宽泛一点。胡服的特点是短衣长裤、衣袖偏窄,便于肢体活动。骑兵,特别是骑射,是北方游牧民族的创造,其移动之迅速,袭击之突然,对多种地形适应之灵活,都是战车所不能及的。

当时中原传统的服饰,礼服是上衣下裳,常服是连衣、裳而为一的"深衣"。衣尚博大、广袖,上衣下裳和深衣都要求"短毋见肤,长毋被土"(《礼记·深衣》),拖到脚踝处刚刚好。这种服装式样,只适合乘车,不适宜骑马。周代贵族子弟接受"六艺"教育,其中有"御"(驾驭车之术),有"射",却没有"骑"。学习射艺,也要特地用皮制的袖套,把宽大的袖子束起来。春秋至战国中期各国交兵,多用战车,骑兵不占重要地位。

战国七雄,秦、赵、燕三国与北方游牧民族接壤,深受胡骑骚扰之苦。秦长城、赵长城、燕长城都是为对付北族骑兵而修造的。赵国的北方、东方大部分边界与胡人部族相邻,楼烦、东胡等游牧民族经常纵骑南下,对赵国进行骚扰掠夺。他们身着短衣、长裤,腰束皮带,脚蹬皮靴,善于骑马射箭,且行动灵活,进退神速。而赵国和中原诸国一样,仍沿袭车战,部队组成仍以步兵和兵车混合编制的队伍为主。官兵的服装也不利于机动作战,仍是传统中原人的装束,即宽领口、肥腰、大下摆、袖子长又宽的所谓宽袍大袖,而且盔甲笨重,结扎繁琐。赵国军队在反击游牧民族入侵时屡屡吃亏。

图 1 武灵王首先穿起了胡人服装,说穿这样的衣服骑马射箭方便多了(邯郸日报社新闻网)

第一个全面引进胡服的是战国时代的赵武灵王,他出于军事上的目的,提倡"胡服以习骑射"(《史记·赵世家》)。

赵武灵王坚持"服者,所以便用"(《战国策·赵策二》)的观点,对反对派的种种意见，什么“先王之法”“圣贤之教”，什么“变俗乱民”“蛮夷之行”，一概加以驳斥，不但自己穿，将军、戍吏穿，而且要大夫、嫡子也穿。赵国采用骑射战术以后，克中山，破林胡、楼烦，确实起了作用。后来李牧大破匈奴，除了重视信息（烽火）、情报（间谍）外，也主要得力于骑兵。

因为胡服轻便实用，所以很快从军队传至民间，被广泛采用。后来又有汉灵帝喜着胡服。《后汉书·五行志一》：“灵帝好胡服、胡帐、胡床、胡坐、胡饭、胡空侯、胡笛、胡舞，京都贵族皆竞为之”。

胡服进入中国服饰文化，标志着原来称为胡人的匈奴、鲜卑等族与汉族的融合大致完成。沈括说：“中国衣冠，自北齐以来，乃全用胡服”（《梦溪笔谈·故事》）。一个“全”字，或者把话说得有点过分，但胡服对汉族服饰的发展确实影响极其巨大。这种融合主要源于中华民族大家庭之间互相交往与借鉴，这种融合不但是过去服饰文化发展趋势，而且也是当今和今后服饰文化发展的趋势。

图 2 赵国采用胡人的短服来代替长袍，以骑马射箭来代替乘车持戈作战。不久，赵国成为“战国七雄”之一（邯郸日报社新闻网）

赵武灵王“胡服骑射”的重大变革，虽然遭到保守派的重重阻力，但由于始于国君，最终得以实行，对汉族兵服和民服都产生了巨大的影响，胡服从此盛行于中原地区。胡服的引进为中国汉族服饰文化增添了新气象。这次民族服饰融合，奠定了中华民族服饰由交流而互进的良好基础。

西装革履:成为西服东渐的典型代表

1840年鸦片战争以后,中国进入了近代。帝国主义的侵略,逐步使我国沦为半殖民地半封建社会。同时,西方资本主义文化的影响也日益扩大,沿海开埠城市得风气之先,衣冠服饰随之发生变化。

鸦片战争后,中国的外交官、留学生等一踏出国门,首先因一条发辫遭到外国"拖尾奴才""豚尾奴"的讪笑和侮辱。有识之士出于政治改革、社会改革的考虑,产生了对愚昧落后的自省和对剪发易服的共识,率先向象征着清王朝腐朽、封建的服饰等级制度开炮。

西装革履和礼帽,这些正是民间西式服装的典型代表,西服便于动作、剪裁技术精致、符合人体工程学,可以巧妙通过衣服的廓型弥补人体的不足之处,使穿着者显得挺拔健壮,仪态不凡,同时衣服内外的明袋和暗袋可以利用人体与衣服的空隙携带物品。

因此,在清末以归国留学生为骨干,还包括华侨、外国商人、公使等,掀起了西装革履的穿着风气,这对一向等级制度森严的清朝男子服装发起了颇具历史意义的冲击。

民国时期,为配合时势,上海等城市还出现了一些专门的服装评论,在"西风东渐"的历史潮流下,成为对西式服装的引进起推波助澜作用的重要因素,比如董阳方的《男子时髦服装的常识》就是一篇专门介绍男式西装搭配方式的文章,是非常典型的介绍西式服装的穿着方式的文章:"在最近的一期巴黎ADAM男装杂志里,刊载着一张春季该如何衣饰的表,兹特译录了出来献给国内喜欢装饰的先生们"。即以图表的形式,按照时间、场合来确定西装及与之搭配的背心、衬衫、裤、帽、鞋、领带、大衣的质地与款式。在时间上分成早晨、下午、晚上等;在场合上分成茶会、办公、旅行、一般晚餐和音乐会等。读者可以按表索骥,找到一整套与时间、场合相吻合的得体的装扮。比如,设定目的为"下午出访或赴茶会及展览会",便可依次检索到其上衣"双排,深蓝或黑灰的光细呢";背心"单排,同样质料";裤子"同样质料,下面无需卷起";衬衫"白布的";领带"浅灰色,略带小花纹";帽子"黑的常礼帽";鞋子“黑皮，用一副白布鞋套”；大衣“双排，黑色四粒纽扣，颜色深黑”。手套一副，雨伞一柄。

图1 1915年宁波效实中学教员合影，西装革履与长袍马褂(《宁波旧影》)

但有意思的是，十九世纪二三十年代，那些最早受过西方教育的知识分子，特别反对西装。

梁实秋写过一篇《衣裳》，不过他倾向还不明显。第四、第五段是谈西装的，第四段是自嘲，形容自己和同学第一次穿西装的情形：“一班几十人要出洋，于是西装逼人而来。试穿之日，适值严冬，或缺皮带，或无领结，或衬衣未备，或外套未成，但零件虽然不齐，吉期不可延误，所以一阵骚动，胡乱穿起，有的宽衣博带如稻草人，有的细腰窄袖如马戏丑，大体是赤着身体穿一层薄薄的西装裤，冻得涕泗交流，双膝打战，那时的情景足当得起‘沐猴而冠’四个字。当然后来技术渐渐精进，有的把裤脚管烫得笔直，视如第二生命，有的在衣袋里插一块和领结花色相同的手绢，俨然像是一个绅士，猛然一看，国籍都要发生问题……”

当时林语堂也写过一篇差不多题材的《论西装》，从科学上、艺术上、生理上，全面否定西装。《论西装》痛批西装之糟糕，连带穿西装的人也都被口诛笔伐：“在要人中，惧内者好穿西装”“满口英语，中文说得不通的人必西装”“国外骗得洋博士，羽毛未丰，念了三两本文学批评，到处横冲直撞，谈文学，盯着女人者，亦必西装”。穿西装的还有“洋行职员，青年会服务员及西崽一类”“月薪百元的书记，未得差事的留学生，不得志的小政客等”，还有“华侨子弟、党部青年、寓公子侄、暴富商贾及剃头大师父等”。

如此等等，却也从一个侧面反映了“西装革履”已成为“西风东渐”的表征。

由于“西风东渐”的猛烈冲击，催生了一个新型的服装制作群体——红帮。

服饰趋势逐渐出现多元发展，传统服装日益受到挑战。中式服装采用平面裁剪法，服式宽博，对人体造型的塑造要求极低。而西式服装与之截然相反，西式服装采用立体裁剪法，对人体造型有极高的要求。这样一来，原本制作中装的本帮裁缝为了生存必然要学习掌握新的服装制作技术，西服的兴起推动了服装制作技术的革命。他们顺势而为，一改中国几千年的服装制作落后工艺，率先采用西方立体设计、按人体部位裁剪的技术，缝制出的服装合体适用。于是，以制作西服为主的红帮裁缝应运而生。红帮裁缝于 19 世纪中叶，陆续从宁波农村到上海、横滨等中外大城市创业。自 20 世纪 20 年代开始，红帮裁缝以上海为基地，迅速形成一个生机勃发的创业群体。

华梅在《中国近现代服装史》中提到：在鸦片战争到辛亥革命前一段时间内，中国的剪裁业有两条主线，一条是以苏州和广州裁缝为代表的中式服装店，另一条是以宁波"红帮"为代表的西式服装从业者，包括裁缝、经营者、教材编纂等。

改革开放以后，随着思想的解放，经济的腾飞，以西装为代表的西方服饰以不可阻挡的国际化趋势又一次涌进中国。

图 2 中国第一部西服著作作者，红帮前辈顾天云先生

参考文献

著作

［1］冯盈之.服饰成语导读.杭州:浙江大学出版社,2007.

［2］沈从文.中国古代服饰研究.上海:世纪出版集团上海书店出版社,2005.

［3］华梅.中国近现代服装史.北京:中国纺织出版社,2008.

［4］吴凌云.红妆.北京:中华书局,2005.

［5］华梅.服饰社会学.北京:中国纺织出版社,2005.

［6］华梅.服饰民俗学.北京:中国纺织出版社,2004.

［7］钱小萍.中华锦绣丛书——中国宋锦.苏州:苏州大学出版社,2011.

［8］张志春.中国服饰文化(第1卷).北京:中国纺织出版社,2001.

［9］袁杰英.中国历代服饰史.北京:高等教育出版社,1994.

［10］汤可敬.说文解字今释.长沙:岳麓书社 2004.

［11］高春明.中国服饰名物考.北京:上海文化出版社,2001.

［12］世说新语.刘庆华,译注.广州:广州出版社,2001.

［13］(清)李渔.闲情偶寄.王连海,注释.济南:山东画报出版社,2003.

论文

［14］岳洪彬.殷墟青铜礼器的发现与研究评述.殷都学刊,2002(1).

［15］朱剑波.谈服饰的反叛.东北电力学院学报,2004(5).

［16］王文涛.汉代河北纺织业略论.河北师范大学学报:哲学社会科学版,2002(4).

［17］管彦波.头面装饰与生命礼俗.民俗研究,1995(1).

［18］魏源.源远流长的动物图腾文化.生命世界,2009(8).

［19］鞋与礼仪.西部皮革.2001(6).

［20］温礼.佛教服饰文化初探.西安:西安工程大学,2007.

［21］中国古代妇女眉妆与敦煌妇女眉妆.敦煌研究,2000(3):90.

［22］李国庆.元杂剧《薛仁贵衣锦还乡》与中国人的衣锦还乡意识.沧桑,2008

(6).

[23] 华梅. 说“衣锦还乡”(服饰与人). 人民日报(海外版),2004(8).

[24] 刘春华. 现代男士女性化与魏晋风度. 湖北社会科学,2007(6).

[25] 张竞琼,钟铉. 西风东渐潮流之下的声音——兼论上海民国时期服装评论的题材. 丝绸,2006(1).

[26] 冯盈之. 古诗文中的传统节令服饰文化. 东华大学学报(社会科学版),2009(2).

[27] 冯盈之.《说文解字》“糸部”丝绸文化探析. 丝绸,2007(8).

图片来源:

中国华文教育网(http://www.hwjyw.com/)

美术中国(http://www.art86.cn/)

文化传播咨询(http://www.esgweb.net/Article/)

国学图库

服饰中国网

华夏遗产网

科学与艺术数字博物馆

百科知识库

中国艺术家网(www.yishujia.net)

后 记

成语是有记忆的，展开来看，就是一条条文化信息。当然，需要我们不停地探索。

本书的编著经历了这样一个历程：

2003 年开始搜集有关资料，收集了与服饰有关的成语 500 余条，于 2005 年集成。2007 年在此基础上作了梳理，编成《服饰成语导读》并正式出版。

本次的编著就是在前期《服饰成语导读》的基础上，通过对人们比较熟悉的一些成语进行深入开掘，阐述服饰文化某一方面的内容，配上相关图片，达到传播、交流的作用，同时与 2008 年完成的《汉字与服饰文化》互为补充。

一首老歌会让人回忆起一段岁月，有一份亲切，一种新感受。一条条成语就像一首首老歌，带着我们走进衣冠王国。如果产生了这样的效果，作者的愿望就实现了。

在本书的编著过程中，参考并引用了一些著作、文章的相关内容，包括互联网上的信息以及图片资料，因有的内容相互交错，所以难于一一注明出处，只在书后的参考文献中列出，在此向有关作者表示感谢，如有遗漏，敬请谅解。

本书的出版得到了浙江纺织服装职业技术学院与东华大学出版社的支持，在此一并感谢，并恳请专家和广大读者多提宝贵意见。

作者 2013 年 7 月于

浙江纺织服装职业技术学院文化研究院